Lebensgrund

Die St. Galler Singtaglieder 2014–2017

Herausgegeben von der Evangelisch-reformierten
Kirche des Kantons St. Gallen

T V Z
Theologischer Verlag Zürich

Bibliografische Informationen der Deutschen Nationalbibliothek

Die Deutsche Nationalbibliothek verzeichnet diese Publikation in der
Deutschen Nationalbibliografie; detaillierte bibliografische Daten sind
im Internet über http://dnb.d-nb.de abrufbar.

Der Theologische Verlag Zürich wird vom Bundesamt für Kultur mit
einem Strukturbeitrag für die Jahre 2016–2018 unterstützt.

Umschlaggestaltung
Simone Ackermann, Zürich
Titelbild
FirstMedia St.Gallen, www.firstmedia.ag

Notensatz
Andreas Hausammann

Druck
AZ Druck und Datentechnik GmbH, Kempten

ISBN 978-3-290-17915-1
© 2017 Theologischer Verlag Zürich
www.tvz-verlag.ch

Lebensgrund

Liebe Sängerinnen und Sänger

Mit Freude und auch mit ein wenig Stolz präsentieren wir Ihnen *Lebensgrund*, das neue Liederbuch der St. Galler Singtage, das sich hoffentlich schnell herumsprechen und -singen wird.

Neben dem Reformierten Gesangbuch (RG) und dem *rise up / rise up plus* hat sich bei uns in der St. Galler Kantonalkirche schon das erste Singtag-Liederbuch *Gott sei Dank* als weiteres Gesangbuch etabliert. Neben dem traditionellen Liedgut wollen wir in unseren Gottesdiensten und Feiern mit neuen Tönen und Melodien unseren Glauben gemeinsam zum Ausdruck bringen. Durch die Zusammenstellung neuer Lieder in einem Liederbuch stellen wir zudem eine gewisse Verbindlichkeit und Bekanntheit der Lieder sicher.

Lebensgrund lautet der Titel des neuen Buches, und das weist uns darauf hin, dass wir alle in Gott einen Grund für unser Leben haben, so wie es im ersten Korintherbrief und unserer Kirchenordnung heisst: «Einen anderen Grund kann niemand legen ausser dem, der gelegt ist, welcher ist Jesus Christus.» (1 Korinther 3,11)

Stehend auf diesem Grund wollen wir singen, denn nicht nur auf, sondern auch aus diesem Grund macht Singen glücklich, gesund und tut unserer Seele gut.

Pfr. Martin Schmidt, Kirchenratspräsident

Weitere Informationen zum Repertoire-Projekt der Evang.-ref. Kirche des Kantons St. Gallen und zu den Kantonalen Singtagen unter www.ref-sg.ch/singtag. Begleitmaterialien zu den Singtagliedern können bestellt werden via musik@ref-sg.ch.

1 Amen Halleluja

1. Der Him-mel öff - net sich mir, ___ lässt mich ein zu dir, ___
2. Ich ru - he mich bei dir aus, ___ hier bin ich zu Haus,
3. So keh - re ich dann zu-rück, ___ ge - seg - net mit Glück

___ zu dir, der du mein Le - ben durch-webst.   So kom-me ich bei dir an,
___ bei dir, der du beim Na - men mich nennst.   Flieg wie ein Vo - gel im Wind,
___ von dir, der du mit Kraft mich er - füllst.   Be - glei-test mich durch die Zeit,

___ wo al - les be - gann, ___ bei dir, der du ins Licht mich er - hebst.
___ darf sein wie ein Kind, ___ bei dir, der du von Grund auf mich kennst.
___ was ist und was bleibt, ___ bist du, der du mit Licht mich um - hüllst.

A - men,   Hal - le - lu - ja. ___   A - men,   Hal - le - lu - ja. ___

A - men,   Hal - le - lu - ja. ___   A - men, Hal - le - lu - ja.

Text: Jonathan Böttcher / Musik: David Plüss
© bei den Autoren, www.jonathanboettcher.de / creation music david music switzerland, Zofingen

2 Bei dir ist die Quelle des Lebens

Bei dir ist die Quel - le des Le - bens,

du bist das Licht der Welt. Bei dir ist die Quel - le des

Le - bens, in dei - nem Licht schau-en wir das Licht.

Text: Monika Rusterholz, Reto Frischknecht / Musik: Reto Frischknecht
© bei den Autoren

1. Echt und of - fen vor - ei - nan - der stehn, Ver -
2. Zwei - fel läh - men, und die Angst macht schwach,

let - zun - gen___ ver - zeihn. Seit' an Sei - te wolln wir
Sor - gen alt___ und grau. Stolz ver - brämt uns___ und

vor - wärts gehn und tra - gen nicht al - lein. Führ du uns zu-ei-nan -
macht uns hart, das wis-sen wir___ ge - nau. Drum führ uns zu-ei-nan -

- der und zieh uns nah zu dir.___ Wir brau-chen dei - ne Hil -

- - fe und ru - fen laut zu dir:___ Bei...

3 Brich auf - brich an

Text: Esther Wild Bislin / Musik: Roman Bislin-Wild
© bei den Autoren

Chorus:

auf, brich an, dass Frie - den wer - de. Brich

auf, brich an, dass Neu - es wer - den kann.

Bridge:

Har - te Krus-ten bre-chen auf, trock-ne Er - de neu er - blüht.

Ho - he Mau-ern stür-zen ein, Ju - bel ü - ber Trau - er siegt! Brich...

4 Christus lebt!

1. Das Le - ben brach___ durch Tod und Nacht, die Wa - che hat___ um - sonst ge - wacht. Was sucht ihr es an die - sem Ort? Der Tod hat nicht mehr das letz - te Wort. 2. Der Herr ist...

2. Der Herr ist euch schon vor - aus - ge - eilt, der Auf - er - stan - de - ne ist nicht weit. Er - schreckt euch nicht, freut euch viel - mehr, geht und er - zählt:___ Das Grab ist leer! Er...

3. Der Herr hat uns___ von Schuld be - freit. Wir sind ver - söhnt___ für al - le Zeit.___ Gott al - lein ge - hört die Kraft, die Le - ben ist___ und Le - ben schafft. 4. Wach auf, mein...

4. Wach auf, mein Herz, ___ er - ken - ne du, der Gott des Le - bens ruft dir zu: Der Stein ist fort. Der Tag bricht an. Er - fah - re nur, ___ was Gna - de kann! Er...

1.+3. Wort. / schafft.
2.+4. leer! / kann!

Text und Musik: Natasha Hausammann
© bei der Autorin

Chorus:

...lebt! Chris-tus lebt! Im Licht des Mor-gens stand er auf. Was dun-kel

war, wird hell und licht, aus Er-den-schwe-re wird Zu-ver-sicht. Er

lebt! Chris-tus lebt! Sein Frie-de ist nun Ge-gen-wart. Dem, der

starb und auf-er-stand, ge-hört der Sieg, ———— ge-hört der Dank.

Zum Schluss:

Ge - trös-tet gehn wir von hier, Chris-tus, wir dan-ken dir. Das

En-de ist kein En-de mehr, denn wir wis-sen: Das Grab ist leer. Ge...

5 Da ist Freiheit

1. Wo je-mand, der selbst nur we-nig hat, mit gros-ser Dank-bar-keit so viel mit an-dern teilt. Wo zwei nach jah-re-lan-gem Streit sich in die Au-gen sehn, ver-ge-ben und ver-stehn. 1. Da
2.-4. Da

2. Wo einer, der fragt: "Was bin ich wert?", entdeckt, dass Gott ihn kennt,
bei seinem Namen nennt.
Wo du mit mir und ich mit dir die Mauern überspringst, das Lied der Freiheit singst.

3. Wo eine in Schmerz und Traurigkeit, von Gottes Hand berührt, den Trost im Herzen spürt.
Wo wir auf Feindschaft und Gewalt mit Liebe reagiern, die Hoffnung nicht verliern.

4. Wo Menschen, die ganz verschieden sind, den Weg gemeinsam gehn,
im Leid zusammenstehn.
Wo zwei und drei versammelt sind, auf Gottes Wort vertraun, begeistert Kirche baun.

1. se - he ich, was Gott be - we - gen kann. Got - tes Geist be -
2.-4. se - hen wir, was Gott be - we - gen kann.

Text (zu 2 Kor 3,17) und Musik: G. Heinzmann / H.-J. Eißler

freit und fängt was Neu - es an. Oh, _____

da will ich hin, _____ denn da ist Frei - heit. _____ Bei

Gott will ich sein, _____ weil er mich liebt. Wo Got - tes

Geist wohnt, da ist Frei - heit. Und ich kann

wei - ter - ge - ben, was Gott gibt.

6 Damit ihr Hoffnung habt

1. Wo Ster-ben wie ein Schat - ten auf
2. Wo Wor-te nicht mehr tra - gen, das
3. Wo Kräf-te euch ver-las - sen, ihr
4. Wo Chris-ten al-ler Kir - chen sich

al - lem Le-ben liegt,____ da bin ich auf-er-stan - den und
Schwei-gen um sich greift,____ will ich euch Wor-te sa - gen, die
end - los mü-de scheint,____ wird euch die Kraft er-fas - sen, die
nicht mehr ei-nig sind,____ hab ich für euch ge-be - tet, für

1./3.

hab den Tod be-siegt.____ 2. Wo...
euch mit mir ver-eint.____ 4. Wo...

2./4.

aus der Not ge - reift.____ Da-mit ihr...
gu-ten, fri-schen Wind.____ Da-mit ihr...

Hoff-nung habt, da-mit ihr Hoff-nung habt. Ich hab den Tod be-siegt,

Strophen | Hey, hey...

____ da-mit ihr Hoff-nung habt. 3. Wo...

Text und Musik: Clemens Bittlinger
© 2009 beim Autor

Hey, hey, hey,⸺ da - mit ihr Hoff-nung habt!⸺

Hey, hey, hey,⸺ da - mit ihr Hoff-nung habt!⸺

7 Dein Herz fürchte sich nicht

1. Wenn du mut-los bist, kei-nen Aus-weg siehst, dei-ne Angst ver-schliesst die Tür, wenn dein mü-des Herz ei-ne Zu-flucht sucht, dann sagt Gott zu dir:

2. Wenn du einsam bist, und die Uhr tickt laut, keiner klopft an deine Tür,
   wenn dein kleines Herz sich verlassen fühlt, dann sagt Gott zu dir:

3. Wenn du Fragen hast, keine Antwort weisst, Zweifel rütteln an der Tür,
   wenn dein leeres Herz nur noch ratlos ist, dann sagt Gott zu dir:

4. Wenn du Fehler machst, nicht mehr weiter weisst, und die Schuld steht in der Tür,
   wenn dein schweres Herz dir das Urteil spricht, dann sagt Gott zu dir:

Dein Herz fürch-te sich nicht! Hab kei-ne Angst! Ver-

Text und Musik: Martin Buchholz / Satz: Eberhard Rink
© 2010 Gerth Medien Musikverlag, Asslar

trau - e mir!___ Dein Herz___ fürch - te sich nicht!___

Hab kei - ne Angst! Ich bleib bei dir.___

8 Der Herr ist auferstanden

1. Der Herr ist auf-er-stan - den,
   Der Herr ist auf-er-stan - den,
2. Der Herr ist auf-er-stan - den
   Der Herr ist auf-er-stan - den,

das Grab hielt ihn nicht fest.____ Der Tod ist ü-ber-wun-
die Lie - be tri-um-phiert,____ hat sich mit uns ver-bun-
und baut mit uns sein Reich,____ zer-reisst der Sün-de Ban-
der in uns Le-ben schafft,____ be-zeugt in al-len Lan-

- den, weil____ sich Gott____ nicht hal - ten lässt.____
- den, uns - re Her - zen neu____ be -
- den, har - te Her - zen wer - den weich.____
- den sei - ne Auf - er - steh - ungs -

rührt. Und wir fei - - ern, un-ser Gott ist nicht weit, der von Sün-
kraft. Und wir fei -

Text und Musik: Arne Kopfermann
© 2013 SCM Hänssler, 71087 Holzgerlingen

- de und von Krank-heit be-freit. Der Herr___ ist auf - er-stan-

- den, er___ steht ü - ber Raum und Zeit.___ Ja wir fei -

- ern, un-sern Gott hält nichts auf,___ Leid und Ster -

- ben nahm er für uns in Kauf, doch nun ist___ er auf - er-stan-

- den, er ist wahr - haf - tig auf - er - stan - den.___

9 Der Herr segne dich

Text und Musik: Irene Stäheli
© 2014 bei der Autorin

4.

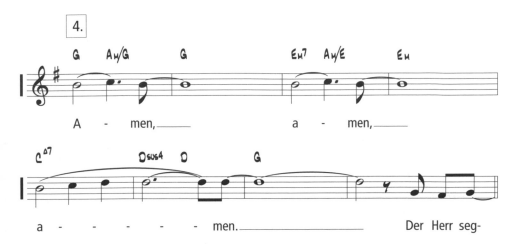

A - men,⸺ a - men,⸺

a - - - - - men.⸺ Der Herr seg-

Zum Schluss:

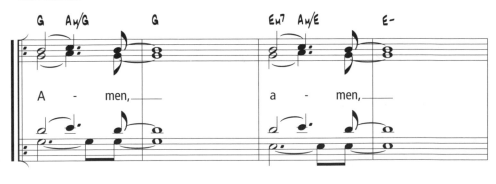

A - men,⸺ a - men,

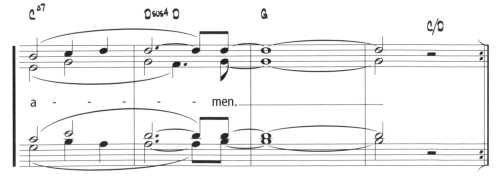

a - - - - - men.⸺

10 Die Zeit ist reif

(Ternäre Achtel / 12/8-Blues-Feeling)

1. Wir sitz - en her - um und wir war - ten auf
2. Gott kommt auf un - glaub - lich - en We - gen, er

et - was, das uns hof - fen lässt. Wir
sucht uns dort auf, wo wir sind. Als

wür - den so gern noch - mal star - ten und
Mensch kommt sein Sohn uns ent - ge - gen, als

spü - ren doch: Wir hän - gen fest. Ge -
ei - ner von uns, als sein Kind. Er

dan - ken drehn sich nur im Krei - se, wir
sprengt uns - re Fes - seln von in - nen und

Text: Christoph Zehendner / Musik: Andreas Hausammann
© 2014 Auf den Punkt, Siegen

11 Dieses Kreuz, vor dem wir stehen

1. Die - ses Kreuz, vor dem wir ste - hen,   setzt ein Zei-chen in die
2. Die - ses Kreuz, auf das wir se - hen,   es er - in - nert uns da -
3. Die - ses Kreuz will uns be - le - ben,   deu - tet in die E - wig-

Welt,   dass sich, auch wenn   wir's nicht se - hen,
ran,   wenn wir den - ken,   wir ver - ge - hen,
keit,   und im Glau - ben   spürn wir e - ben

Got - tes Geist zu uns ge - sellt,   uns be stärkt in schwe - ren
fal - len wir in Got - tes Hand.   Sol - chen Grund kann nie - mand
ei - nen Hauch Un-end-lich - keit.   Nicht der Tod ist mehr das

Zei - ten, trost - voll uns zur Sei - te steht   und bei al - len
le - gen, nie - mand stieg so tief hin - ab.   Und am En - de
En - de, es geht wei - ter, ganz ge - wiss,   und das Kreuz steht

Schwie - rig - kei - ten   un - sern Kreuz-weg mit uns geht.
al - ler We - ge   auf'- er-stand er aus dem Grab.
für die Wen - de,   dass die Lie - be stär - ker ist.

Text: Clemens Bittlinger / Musik: Sam Samba
© Clemens Bittlinger / SCM Hänssler, D-71087 Holzgerlingen

„Du bisch willkomme."

12 Du bisch willkomme, du ghörsch dezue

Du bisch will - kom - me, du____ ghörsch de - zue, di - ni

Hoff - nig git mir Chraft und Rueh.____ Din Glau - be bringt de Him - mel nöch,

____ da füehrt me gern mit Gott es Gspröch.____

1. Mir sind all ver - schi - de, eu - si Far - be sind__ so bunt,

doch mir find - ed Fri - de wänn Gott i d'Mit - ti chunnt.____

Text und Musik: Roland Pöschl
© 2014 beim Autor

2. Lass doch___ die Sor - ge zrugg___ und
3. Wänn Gott___ dis Herz be - rüehrt,___ dänn

gnüss jetzt de Mo - mänt.___ Gott baut dir
lass es ei - fach zue.___ Det, wo dich

män - gi Brugg und hilft bi dem, wo trännt.___
Je - sus füehrt, chunnt di - ni Seel___ zur Rueh.___

13 Du bist der Schöpfer des Universums

1. Du bist der Schöp-fer des U - ni-ver - sums, du bist der
2. Du bist der An - fang und auch das En - de, du bist der
3. Du bist die Hil - fe, die nie— zu spät kommt, du bist der

Kö - nig der Kö - ni - ge,——— du bist der Herr ü-ber al - le Her -
Gott, der die Her - zen kennt,—— du bist der Hir - te, der sei - ne Scha -
Ret - ter in gros - ser Not,—— du bist der Va - ter, der sei - ne Kin -

- ren in E - wig - keit.———
- fe beim Na - men nennt.——
- der— nie ver - lässt.——

2. Du bist der...

Du hast Wor - te des e - wi - gen Le - bens,

und das gibst— du den Men - schen um - sonst.—

Text und Musik: Bene Müller
© 1997 basileia music

Wer dich sucht, von dem lässt____ du dich fin - den,

weil du die Men - schen liebst.____

3. Du bist die...

14 Du bist die Kraft, die mir oft fehlt

You Are My All In All

1. Du bist die Kraft, die mir oft
2. Bei al - ler Last von Schuld und

fehlt, du bist der Wert, der wirk - lich zählt; al - les bist du mir,
Scham lo - be ich dich, der sie mir nahm; al - les bist du mir,

Herr._____ Fal - le ich hin, stehst du mir
Herr._____ Dich, mei - nen Ret - ter, mei - nen

bei, stillst mei - nen Durst und sprichst mich
Herrn, lo - be ich für mein Le - ben

frei; al - les bist du mir, Herr.
gern; al - les bist du mir, Herr.

Text: Dennis Jernigan, deutsche Fassung: Günter Balders / Musik: Dennis Jernigan

2.

Je - sus, Got - tes Lamm, Eh - re dei - nem

Na - - - - men. Je - sus, Got - tes Lamm,

Eh - re sei dir, Herr!

1. You are my strength when I am weak, you are the treasure that I seek;
you are my all in all.
Seeking you as a precious jewel, Lord, to give up I'd be a fool; you are my all in all.

Jesus, Lamb of God, worthy is your name!
Jesus, Lamb of God, worthy is your name!

2. Taking my sin, my cross, my shame, rising again, I bless your name; you are my all in all.
When I fall down, you pick me up, when I am dry, you fill my cup; you are my all in all.

15 Du bist ewig

Du bist e-wig, du bist na-he, du bist Licht, und ich bin

dein. Du bist e-wig, du bist na-he, du bist Licht, und ich bin dein.

1. E - wig bist du, gros-ser Gott, Schöp - fer al - len Le - bens.
2. Na - he bist im Got - tes - sohn, Je - sus, du zu - ge - gen.
3.* Fun - kelnd strahlt dein hel - les Licht und kann mich er - hel - len,
4. Dein will ich nun ger - ne sein, du wirst zu mir ste - hen,

Und aus dei - ner E - wig - keit schenkst du uns das Le - ben. Du bist...
Wie ein Freund be - glei - test du uns auf un-sern We - gen. Du bist...
wird sich in der Fin - ster - nis auch zu mir ge - sel - len. Du bist...
und auf al - len We - gen hier wirst du mit mir ge - hen. Du bist...

Text: M. Lönnebo (Deutsch: K. Faupel), C. Bittlinger / Musik: J. Denke, D. Plüss
© bei den Autoren / creation music david music switzerland, Zofingen

(* Das Lied kann ab der 3. Strophe
in E-Dur fortgesetzt werden)

„Du siehst mich, schenkst mir Weite.
Ich danke dir dafür."

16 Du siehst mich

1. Du siehst mich, wo ich le - be. Du
2. Du siehst mich, wo ich feh - le. Du
3. Du siehst mich, wo ich hel - fe. Du

hörst mich, wo ich sin - - - ge. Du
hörst mich, wo ich schwei - - - ge. Du
hörst mich, wo ich be - - - te. Du

liebst mich, schenkst mir Freu - de. Ich
liebst mich, schenkst mir Nä - he. Ich
liebst mich, schenkst mir Wei - te. Ich...

1.+2.

dan - ke dir da - für. 2. Du...
dan - ke dir da - für. 3. Du...

Text und Musik: Wolfgang Schulz-Pagel
© 2015 Strube Verlag, München

dan - ke   dir   da - für.   Du

liebst   mich,   schenkst mir   Wei - te.   Ich

dan - ke   dir   da - für.

17 Du sprichst dein Wort in unser Leben

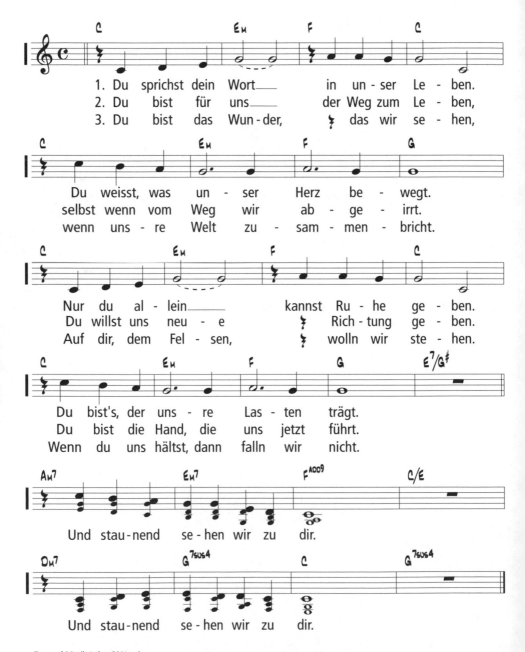

1. Du sprichst dein Wort   in un-ser Le-ben.
2. Du bist für uns   der Weg zum Le-ben,
3. Du bist das Wun-der, das wir se-hen,

Du weisst, was un-ser Herz be-wegt.
selbst wenn vom Weg wir ab-ge-irrt.
wenn uns-re Welt zu-sam-men-bricht.

Nur du al-lein   kannst Ru-he ge-ben.
Du willst uns neu-e Rich-tung ge-ben.
Auf dir, dem Fel-sen, wolln wir ste-hen.

Du bist's, der uns-re Las-ten trägt.
Du bist die Hand, die uns jetzt führt.
Wenn du uns hältst, dann falln wir nicht.

Und stau-nend se-hen wir zu dir.

Und stau-nend se-hen wir zu dir.

Text und Musik: Lukas Di Nunzio
© Profil Medien GmbH, Neuhausen / Chorsatz: beim Autor

„Du, Herr, bisch mis Läbe,

anders hani keis."

18 Du, Herr, bisch mis Läbe

Tu sei la mia vita

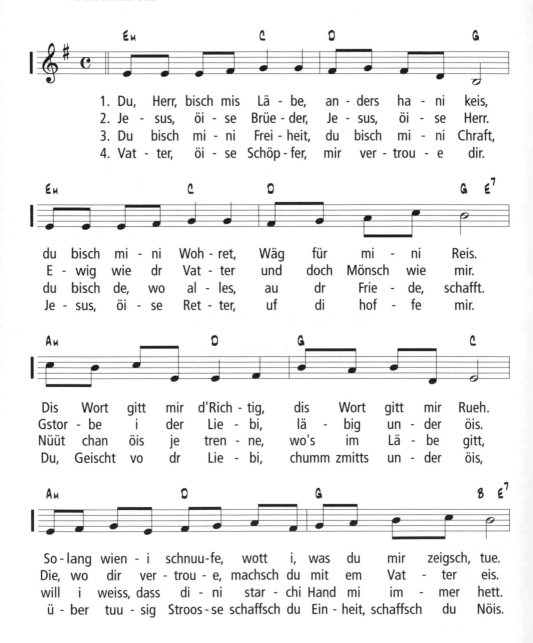

1. Du, Herr, bisch mis Lä - be, an - ders ha - ni keis,
2. Je - sus, öi - se Brüe - der, Je - sus, öi - se Herr.
3. Du bisch mi - ni Frei - heit, du bisch mi - ni Chraft,
4. Vat - ter, öi - se Schöp - fer, mir ver - trou - e dir.

du bisch mi - ni Woh - ret, Wäg für mi - ni Reis.
E - wig wie dr Vat - ter und doch Mönsch wie mir.
du bisch de, wo al - les, au dr Frie - de, schafft.
Je - sus, öi - se Ret - ter, uf di hof - fe mir.

Dis Wort gitt mir d'Rich - tig, dis Wort gitt mir Rueh.
Gstor - be i der Lie - bi, lä - big un - der öis.
Nüüt chan öis je tren - ne, wo's im Lä - be gitt,
Du, Geischt vo dr Lie - bi, chumm zmitts un - der öis,

So - lang wien - i schnuu - fe, wott i, was du mir zeigsch, tue.
Die, wo dir ver - trou - e, machsch du mit em Vat - ter eis.
will i weiss, dass di - ni star - chi Hand mi im - mer hett.
ü - ber tuu - sig Stroos - se schaffsch du Ein - heit, schaffsch du Nöis.

Text: Pier Angelo Sequeri (nach Joh 14,6 / Eph 3,16), schweizerdeutsche Fassung: Samuel Dietiker / deutsche Fassung: Christoph Biskupek
Musik: Pier Angelo Sequeri

I muess e kei Angscht me ha, wenn du bi mer bisch.
Äi - nisch chonnsch du wie - der zrugg, das säit öis dis Wort,
Und vo al - lem Bö - se machsch du mi äi - nisch frei.
Und uf mäng - em A - cher - land, wie's di Vor - satz wott,

Do - rom bitt i: Bliib du bi mir!
und füehrsch öis is Riich_____ vo Gott.
Dur di Güe - ti wird i ganz nöi.
wär - de mir zu Soo - me vo Gott.

1. Herr, du bist mein Leben, Herr, du bist mein Weg. Du bist meine Wahrheit, die mich leben lässt.
   Du rufst mich beim Namen, sprichst zu mir dein Wort, und ich gehe deinen Weg, solange du es
   willst. Mit dir hab ich keine Angst, gibst du mir die Hand, und ich bitte: Bleib doch bei mir.

2. Jesus, unser Bruder, du bist unser Herr, ewig wie der Vater, doch auch Mensch wie wir.
   Dein Weg führte durch den Tod in ein neues Leben. Mit dem Vater und den Deinen bist du nun
   vereint. Einmal kommst du wieder, das sagt uns dein Wort, um uns allen dein Reich zu geben.

3. Du bist meine Freiheit, du bist meine Kraft. Du schenkst mir den Frieden, du schenkst mir
   den Mut. Nichts in diesem Leben trennt mich mehr von dir, denn ich weiss, dass deine Hand mich
   immer führen wird. Du nimmst alle Schuld von mir und verwirfst mich nicht.
   Du lässt mich von Neuem beginnen.

4. Vater unsres Lebens, wir vertrauen dir. Jesus, unser Retter, wir glauben dir.
   Und du, Geist der Liebe, atme du in uns, schenke uns die Einheit, die wir suchen in der Welt.
   Und auf vielen Wegen führe uns ans Ziel, mache uns zu Samen der Liebe.

(Italienische Originalfassung: siehe *rise up plus* 106)

19 Erbarme dich (Kyrie)

1. Wir su - chen dei - ne Nä - he, wir
   sind noch so be - schäf - tigt mit

2. Wir brin - gen uns - re Las - ten, den
   wir er - rei - chen woll - ten, wir

3. Wir ha - ben viel zu we - nig nach
   bit - ten um Ver - ge - bung für

seh - nen uns nach dir und spü - ren doch: Wir
uns - rer klei - nen Welt. und Wir wol - len bei dir

Hass, der uns ver - zehrt. So viel in un - serm
ha - ben's nicht ge - schafft. Wir bit - ten dich: Herr

dei - ner Sicht ge - fragt. Wir ha - ben kaum be -
Hab - gier, Lü - ge, Streit. Dass wir so oft ver -

Text: Christoph Zehendner / Musik: Manfred Staiger
© Auf den Punkt, Siegen

sind nicht of - fen da - für._____ Wir...
ler - nen, was wirk - lich zählt._____ Was...

Le - ben läuft noch ver - kehrt._____ Was...
schen - ke uns da - zu Kraft!_____

ach - tet, was dein Wort sagt._____ Wir...
sa - gen, tut uns so leid._____

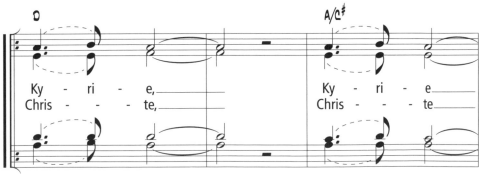

Ky - ri - e,_____ Ky - ri - e_____
Chris - - te,_____ Chris - - te_____

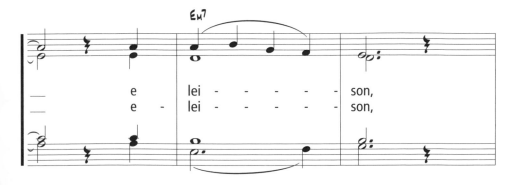

e lei - - - - - son,
e - lei - - - - - son,

„Ich atme auf
in deiner Gegenwart."

20 Etwas in mir

Freude / Öppis i mir

Et - was in mir＿ zeigt mir, dass＿ es dich＿wirk - lich gibt.＿
Öp - pis i mir＿ zeigt mir, dass＿ es dich＿würk - lich git.＿

Ich bin ge - wiss, ＿ dass du lebst, ＿ mich kennst und mich liebst.
I bi mir si - cher, dass du läbsch, ＿ mi kennsch und mi liebsch.

＿ Du bringst mich zum La - chen, machst, dass mein Herz singt.
＿ Du bringsch mi zum La - che, machsch, dass mis Härz singt.

＿ Du bringst mich zum Tan - zen, mei - ne See - le schwingt.
＿ Du bringsch mi zum Tan - ze, mi - ni Seel, die schwingt.

＿ Ich a - tme auf＿ in dei - ner Ge - gen - wart.＿ Herr, du al - lein
＿ I schnuu - fe uf＿ in din - re Ge - ge - wart, ＿ Herr, du a - lei＿

Text und Musik: Albert Frey
© 1995 Hänssler-Verlag, Holzgerlingen, für Immanuel Music, Ravensburg

21 Gib uns deinen Geist

1.-3. Gib uns dei - nen Geist,

gib uns dei - nen Geist,

1. der in dir uns die Quel - le des Le - bens er-
2. der uns in dei - ner Lie - be zu le - ben
3. der in dir uns die Zu - kunft des Le - bens ver-

Melodie: Peter Sandvall, Text: Lars Mörlid, deutsche Fassung: Hartmut Birkelbach
© 1976 Authentic Publishing / Integritymusic.com. Für D, A, CH: SCM Hänssler, D-71087 Holzgerlingen

weist,   je - den Tag   neu,   je - den Tag
heisst,   je - den Tag   neu,   je - den Tag
heisst,   je - den Tag   neu,   je - den Tag

neu   leh - re uns   glau - - - ben.
neu   leh - re uns   lie - - - ben.
neu   leh - re uns   hof - - - fen.

22 Gloria

Text: Liturgie. Deutsche Fassung / Musik: Andreas Hausammann
© 2016 Theologischer Verlag Zürich

gross_____ ist dei-ne Herr - lich - keit, ____

gross_____ ist dei-ne Herr - lich - keit, ____

gross_____ ist dei-ne Herr - - - lich - - -

(zurück zu Strophe 2)

keit!

Herr,____ ein-ge-bor-ner Sohn, Herr,____ ein-ge-

bor-ner Sohn, Herr,____ Je-sus Chris - tus.

23 Gnädiger Gott

Gnä - di - ger Gott, lass dein An - ge - sicht leuch - ten!

Kehr bei uns ein — mit dem Geist dei-ner Kraft! Gnä-di-ger Gott, steck uns

an mit der Lie - be, die neu-es Le - ben schafft.

Kehr bei uns ein mit dei - ner Kraft! —

Kehr bei uns ein mit dei - ner Kraft!

Text und Musik: Martin Buchholz-Fiebig
© 1998 Felsenfest Musikverlag, Wesel

24 Gold in meiner Hand

1. Dei - ne Lie - be ist Gold in mei - ner Hand.
2. O mein Je - sus, du hast mein Herz be - wegt.

Sie ist schö - ner als al - les, was ich je fand.
Das macht rei - cher als al - les auf die - ser Welt.

Ich bin kein Bett - ler mehr, ich hab den Schatz
Ich bin kein Bett - ler...

ge - fun - den. Du bist so viel mehr, du bist das Gold

in mei - ner Hand.

...mehr, ich bin mit dir ver - bun - den. Bin kein Bett-

(zurück zu %)

Text und Musik: Lothar Kosse
© 2004 Praize Republic

25 Gott hat uns nicht vergessen

1. Wie ein Wun-der aus dem Him-mel kommt ein Kind zur Welt, und es wächst hin-ein ins Le-ben, schon früh auf sich ge-stellt.

2. Ir-gend-wann dann stellt es Fra-gen nach dem tie-fen Sinn: Bin ich nur ein Ein-zel-kämpf-er, und

Text: Hans-Werner Scharnowski, Christoph Glumm / Musik: Hans-Werner Scharnowski
© 2011 Hit'n'Run Publishing, Siegen

wo ge - hör ich hin? Gott hat uns nicht ver -

ges - sen, er lässt kei-nen al - lein. Wenn wir ehr - lich nach ihm

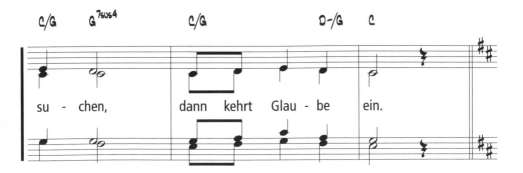

su - chen, dann kehrt Glau - be ein.

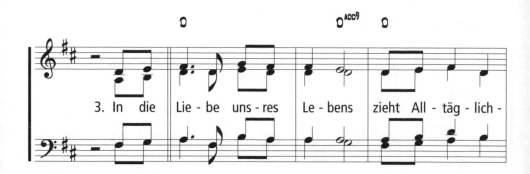

3. In die Lie - be uns - res Le - bens zieht All - täg - lich -

keit. Auf - ge - wacht aus gros - sen Träu - men macht Ein - sam - keit sich

breit. Gott hat uns nicht ver - ges - sen, er lässt

kei - nen al - lein. Wenn wir ehr - lich nach ihm

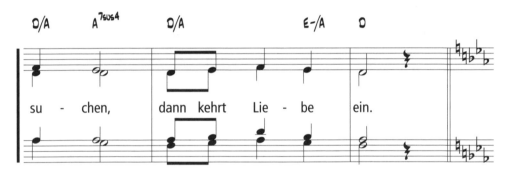

su - chen, dann kehrt Lie - be ein.

4. Wenn die Ta - ge wel-ker wer - den, Angst und Krank-heit

ein._____ Gott hat uns nicht ver - ges - sen, er lässt

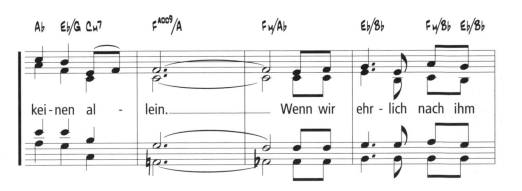

kei-nen al - lein._____ Wenn wir ehr - lich nach ihm

su - chen, dann kehrt Hoff - nung ein.

26 Gott spricht zu uns sein schönstes Wort

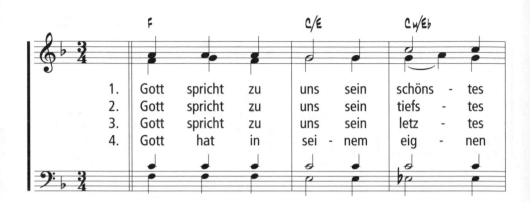

1. Gott spricht zu uns sein schöns - tes
2. Gott spricht zu uns sein tiefs - tes
3. Gott spricht zu uns sein letz - tes
4. Gott hat in sei - nem eig - nen

Wort:_____ In ihm geht er uns ent -
Wort:_____ Es ist bis heut nicht ver -
Wort,_____ schenkt uns in ihm die Er -
Sohn_____ sich in die Welt_____ ge -

ge - - gen_____ und ruft ei - nen je - den
klun - - gen,_____ hat lei - se und sanft das
lö - - sung._____ Er lässt sei - nen Stern am
ge - - ben._____ Wer ihn bei sich auf - nimmt

Text: (nach einem Zitat von Karl Rahner) und Musik: Barbara Kolberg

Cm/Eb   Bb/D   A7/C#

bei sei - nem   Na - men,   war - tet voll
Schwei-gen   ge -   bro - chen,   mit   sei - nem
Him - mel   er -   strah - len: Er   soll uns
und ihn   zur   Welt bringt,   wird   neu ge -

Dm   Dm/C   Bb△7   C7   F

Sehn - sucht   auf un - ser   «Ja».
Klang____ die   Nacht____ er -   füllt.
füh - - ren   durch____ die   Nacht.
bo - - ren,   der____   wird   Mensch.

27 Gott, min Herr, nimm alls vo mer

1. Gott, min Herr, nimm alls vo mer, al - les wo mi trennt vo der, al - les wo mi____ trennt vo der.
2. Gott, min Herr, gib al - les mer, al - les, wo mi füehrt zu der, al - les wo mi____ füehrt zu der.
3. Gott, min Herr, du nimm mi mer, und denn füehr mi ganz zu der, und denn füehr mi____ ganz zu der.

A-men, a - men, a - men, a - - - men.

Text: nach Niklaus von Flüe / Musik: Peter Roth
© beim Autor

„Du schenkst die Kraft, unsere Welt zu gestalten,

uns zu erhalten die Leidenschaft."

28 Heute.Gestern.Morgen

1. Heu - te wol - len wir sin - gen, dir al - les brin -
2. Ges - tern wa - ren wir lei - se, selt - sa - mer - wei -
3. Mor - gen wer - den wir se - hen, wie kann es ge -

- gen, was uns be - wegt.
- se schein - bar be - trübt,
- hen, und da - zu stehn.

Kla - gen und fro - he Lie - der, sie spie - geln wi -
ha - ben im gros - sen Gan - zen nicht mal das Tan -
Denn so hat je - der Mor - gen ei - ge - ne Sor -

- der un - se - ren Weg.
- zen heim - lich ge - übt.
- gen, und es ist schön,

Und wenn wir nicht ver - ste - hen, wo - hin wir ge -
Da - bei warst du doch mit - ten, bei al - len Schrit -
wenn wir fröh - lich ver - trau - en und da - rauf bau -

Text: Clemens Bittlinger / Musik: Kimon Harmening
© 2016 Clemens Bittlinger

- hen, ist uns doch klar:
- ten un - ter uns da.
- en: Du schenkst die Kraft,

Du bist im - mer zu - ge - gen, für al - le We -
Doch wir konn - ten nichts hö - ren, nicht ein - mal spü -
uns - re Welt zu ge - stal - ten, uns zu er - hal -

- ge gilt: Du bist da.
- ren: Du bist uns nah.
- ten die Lei - den - schaft.

29 Hosianna

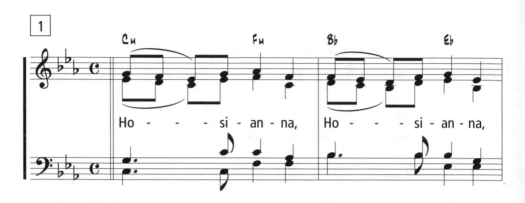

Text: Clemens Bittlinger / Musik: David Plüss

2

Cm　　Fm　　　　Bb　　Eb

1. Hilf, Herr, komm und re - de, dass wir kla - rer sehn,
2. Hilf, Herr, komm und führ uns durch die Dun - kel - heit.

Ab　　Fm/D　　　　G　　Cm

wo - zu wir hier le - ben, hilf uns zu ver - stehn.
Dun - kel scheint die Zu - kunft, vol - ler Angst und Leid.

Cm　　Fm　　　　Bb　　Eb

Hilf, Herr, komm und zei - ge uns den neu - en Weg.
Hilf, Herr, komm und zün - de uns ein Feu - er an.

Ab　　Fm/D　　　　G　　Cm

Uns - re Hoff - nung schwin - det, wir sind müd und träg.
Lass uns stau - nend spü - ren, was die Lie - be kann.

30 I Lift My Eyes Up
I luege ufe

I lift my eyes up to the moun-tains,
I lue-ge u-fe zu de Ber-ge,

where does my help come from? My help comes from you,
wo-her chunnt mi-ni Hilf? Sie chunnt vo dir, Herr,

Ma-ker of Hea-ven, Cre-a-tor of the earth.
Schöp-fer vom Him-mel, Grün-der vor gan-ze Welt.

Oh how I need you, Lord, you are my on-ly hope,——you are my on-ly
Oh Herr, i bru-che di, uf di ver-trau-e i,—— und i bätt di

prayer. So I will wait for you to come and res-cue me,
a. Drum war-te i uf di, du chunnsch und ret-tisch mi,

come and give me life.
gisch mir s'Lä-be, Herr.

Text und Musik: Brian Doerksen / schweizerdeutsche Fassung: Autor unbekannt
© 1990 Vineyard Songs Canada / D,A,CH: Gerth Medien Musikverlag, Asslar

31 Ich bin das Brot, lade euch ein

1. Ich bin das Brot, ___ la - de euch ein. So ___
2. Ich bin die Quel - le, schenk mich im Wein. So ___
3. Nehmt hin das Brot, ___ trinkt von dem Wein. So ___

___ soll es sein, so soll es sein! Brot lin - dert Not, ___
___ soll es sein, so soll es sein! Schöpft aus der Fül - le,
___ soll es sein, so soll es sein! Wenn ihr das tut, will

brecht es ent - zwei. So ___ soll es sein, so soll es sein!
schenkt al - len ein. So ___ soll es sein, so soll es sein!
ich bei euch sein. So ___ soll es sein, so soll es sein!

Ky - rie e - lei - son, Chris - te e -

lei - son, Ky - rie e - lei - - - son.

Text: Clemens Bittlinger / Musik: David Plüss
© Clemens Bittlinger / creation music david music, Zofingen

32 Ich glaube, also bin ich

2. Ich glaube, also bin ich gestärkt, denn Gott ist da, wo ich auch geh und stehe,
   ist er mir immer nah. Er liebt mich so, dass Jesus für mich gestorben ist,
   das gibt mir Mut und Kraft, ich trau auf Jesus Christ.

3. Ich glaube, also bin ich zu keiner Zeit allein. Wenn ich es will, dann darf ich
   mit Gott befreundet sein: Sein Ja zu mir gilt immer, egal, wie es mir geht;
   oft spür ich Gott ganz nah, weiss, dass er zu mir steht.

4. Ich glaube, also bin ich dir dankbar, dass ich weiss: Du hörst, um was ich bitte,
   mal laut und auch mal leis, du liebst auch meine Lieder, und du hörst mein Gebet.
   Wie gut, dass einem wichtig ist, wie's um mich steht.

Text: und Musik: Thomas Mittring
© 2015 beim Urheber

„In Christus is mein ganzer Halt."

33 In Christus ist mein ganzer Halt

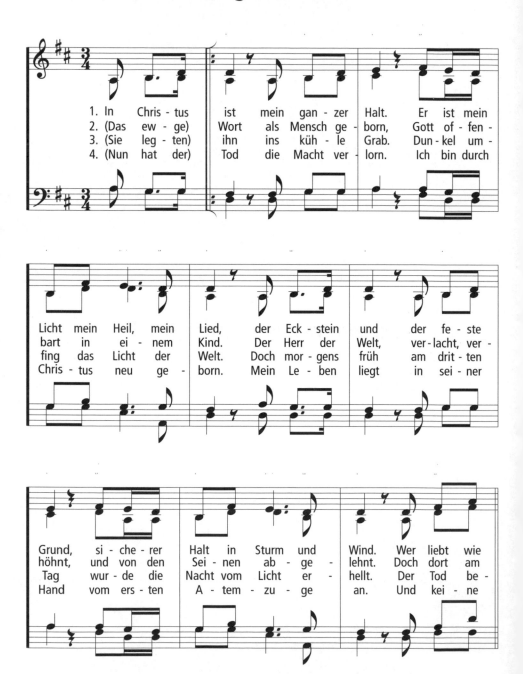

1. In Christus ist mein ganzer Halt. Er ist mein Licht mein Heil, mein Lied, der Eck-stein und der fe-ste Grund, si-che-rer Halt in Sturm und Wind. Wer liebt wie
2. (Das ew-ge) Wort als Mensch ge-born, Gott of-fen-bart in ei-nem Kind. Der Herr der Welt, ver-lacht, ver-höhnt, und von den Sei-nen ab-ge-lehnt. Doch dort am
3. (Sie leg-ten) ihn ins küh-le Grab. Dun-kel um-fing das Licht der Welt. Doch mor-gens früh am drit-ten Tag wur-de die Nacht vom Licht er-hellt. Der Tod be-
4. (Nun hat der) Tod die Macht ver-lorn. Ich bin durch Chris-tus neu ge-born. Mein Le-ben liegt in sei-ner Hand vom ers-ten A-tem-zu-ge an. Und kei-ne

Text und Musik: Keith Getty, Stuart Townend, deutsche Fassung: Guido Baltes / Chorsatz: Andreas Hausammann
© 2001 Thankyou Music

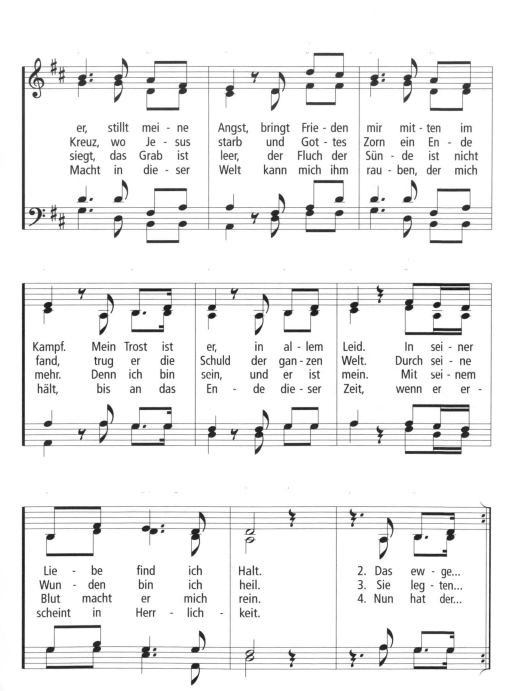

34 Justificatio sola fide

Jus - ti - fi - ca - tio so - la fi - de,____

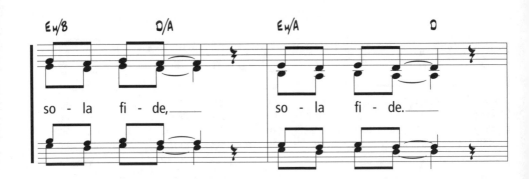

so - la fi - de,____ so - la fi - de.____

So - la gra - tia, so - la fi - de,____

Text: Michael Kunze (aus dem Pop-Oratorium "Luther") / Musik: Dieter Falk
© 2015 Edition Butterfly Roswiitha Kunze / Sony ATV Edition / Edition Falk Songs

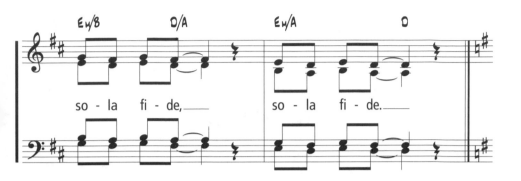

so - la fi - de,_____ so - la fi - de._____

1. Wie muss ich le - - ben, da - mit mein Le -
2. Was gibt dem Stre - ben in mei - nem Le -
3. Glau - be ist Gna - de. Durch Got - tes Gna -

- ben vor Gott be - steht?_____ Das ist die Fra -
- ben In - halt und Sinn?_____ Wo komm ich her,_____
- de bin ich be - freit,_____ frei und ge - bor -

- ge, um die es geht._____
___ und wo geh ich hin?_____
- gen in E - wig - keit._____

35 Leben aus der Quelle

Le - ben aus der Quel - le, Le - ben nur aus dir,

Le-ben aus der Quel-le des Le - bens. - bens. 1. Und du er-forschst

2. Hilfst mir zu schwei-

3. Willst mich ge - brau -

mich, ver - än - derst mein Den - ken, nur noch aus dir___

- gen und auf dich zu war - ten, nur noch aus dir___

- chen als Salz für die Er - de, nur noch aus dir___

_ will ich le - ben, oh Herr.___ Und du er-forschst_ mich, ver - än - derst mein Den-

_ will ich le-ben, oh Herr.___ Hilfst mir zu schwei - gen und auf dich zu war-

_ will ich le-ben, oh Herr.___ Willst mich ge-brauch - chen als Salz für die Er-

- ken, nur noch aus dir____ will ich le - ben, oh Herr.____

- ten, nur noch aus dir____ will ich le - ben, oh Herr.____

- de, nur noch aus dir____ will ich le - ben, oh Herr.____

Text und Musik: Lukas Di Nunzio
© 1995 SCM Hänssler, Holzgerlingen

„Ich bin mit Gott im Bund,
das ist mein Lebensgrund."

36 Lebensgrund

1. Ich glau-be an den Va-ter im Him-mel, den
2. Ich glau-be an den Sohn, Je-sus Chris-tus, ganz
3. Ich glau-be an die Kraft sei-nes Geis-tes, der

Schöp - fer, der der Welt Le - ben gibt, all -
Gott und doch ganz Mensch, so wie wir. Am
uns le - ben - dig macht und be - freit, der

mäch - tig und barm - her - zig und gnä - dig, der
Kreuz ge - stor - ben und auf - er - stan - den. Er
uns zu - sam - men - führt als Ge - mein - schaft, der

Text und Musik: Albert Frey
© 2012 FREYKLANG adm. by Gerth Medien, Asslar

sei - ne Kin - der un - end - lich liebt. Da-rauf ver-
ist der Herr, sein Reich ist schon hier.
Le - ben gibt bis in E - wig - keit.

lass ich mich, da - rauf ver trau - e ich. Ich bin mit

Gott im Bund, das ist mein Le - bens - grund.

37 Lege deine Sorgen nieder

1. Le - ge dei - ne Sor - gen nie - der, leg sie
2. Le - ge dei - ne Äng - ste nie - der, die Ge -
3. Le - ge dei - ne Sün - de nie - der, gib sie
4. Le - ge dei - ne Zwei - fel nie - der, da - für

ab in mei - ner Hand. Du brauchst mir nichts zu er - klä -
dan - ken in der Nacht. Frie - den ge - be ich die wie -
mir mit dei - ner Scham. Du brauchst sie nicht län - ger trag -
bin ich viel zu gross. Hoff - nung ge - be ich dir wie -

- ren, denn ich hab dich längst er - kannt.
- der, Frie - den hab ich dir ge - bracht.
- gen, denn ich hab für sie be - zahlt. Le - ge sie nie-
- dier, lass die Zwei - fel ein - fach los.

der in mei - ner Hand. Komm, leg sie nie-

Text und Musik: Sefora Nelson
© 2009 Gerth Medien Musikverlag, Asslar

- der, lass— sie los——— in mei - ner Hand.—— Le-ge sie nie-

- der,———— lass ein-fach los.—— Lass al - les fall'n,

— nichts ist— für dei - nen Gott— zu gross.————

38 Mut und Zuversicht

1. Herr, wir glau - ben, dass du wie - der - kommst,
2. Herr, wir hof - fen auf Ge - rech - tig - keit.
3. Wie die Am - sel nachts den Tag be - singt,
4. Herr, wir lie - ben es, dein Reich zu baun

wie es uns dein Wort ver - spricht.
Brich in uns - re Welt hin - ein.
weil sie spürt: Der Mor - gen naht;
und zu tun, was dein Wort sagt.

Text: Twila Paris, deutsche Fassung: Andreas Malessa / Musik: Twila Paris
© 1982 Singspiration / Zondervan / Siezak Musikverlag

Dass du al - lem Leid ein | Leid ein | En - de setzt,____
Lass uns voll Ge - duld in | duld in | Trau - er und
wolln wir Bo - ten dei - ner | dei - ner | An - kunft sein,____
Gut, dass wir in je - nem | je - nem | Frie - den stehn, der

gibt uns Mut und | Zu - ver____ sicht.
fröh - lich in der | Hoff - nung____ sein.
glaub - haft stark in | Wort und____ Tat.
un - ser Den - ken | ü - ber - ragt.

39 Niemals unmöglich

1. Es ist aus-sichts-los, — sagt die Ein-sicht.
2. Es ist Un-ver-nunft, sagt der Den-ker.
3. Hel-fen lohnt sich nicht, sagt der Rech-ner,

Es geht ge-gen den Ver-stand. Aus dem wird nichts mehr,
Glau-ben heisst: ein Luft-schloss baun. Die Be-wei-se fehln.
der Er-folg in Zah-len misst. Es hat kei-nen Zweck,

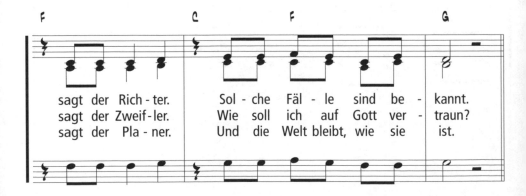

sagt der Rich-ter. Sol-che Fäl-le sind be-kannt.
sagt der Zweif-ler. Wie soll ich auf Gott ver-traun?
sagt der Pla-ner. Und die Welt bleibt, wie sie ist.

Text und Musik: Martin Buchholz / Chorsatz: Hans-Werner Scharnowski
© bei den Autoren, www.martinbuchholz.com

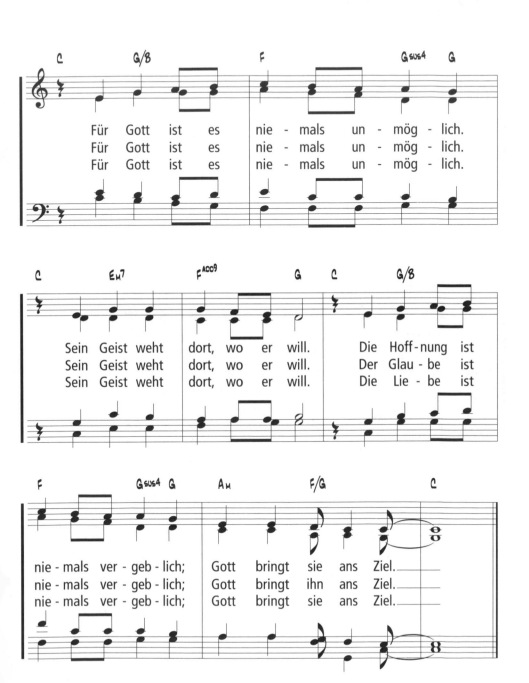

40 Segen für deinen neuen Weg

1. Der Herr se - gne dich schon jetzt auf dei - nem neu - en
3. Der Herr eb - ne dei - nen Weg und leh - re dich ver -
5. Der Herr se - gne dich schon jetzt für dei - nen neu - en

Weg, er lässt dich nie - mals al - lei - ne. Er
traun, selbst dann, wenn du an ihm zwei - felst. Er
Weg, er lässt dich nie - mals al - lei - ne. Er

selbst ge - he dir vor - aus und lei - te Schritt für
ist der Fels, auf dem du stehst, dein An - ker auch im
selbst ge - he dir vor - aus und lei - te Schritt für

Text und Musik: Sefora Nelson / Chorsatz: Samuel Jersak
© 2011 Gerth Medien Musikverlag, Asslar

Schritt. Er weiss ge - nau, was du brauchst.
Sturm. Du bist si - cher bei ihm.
Schritt. Er will das Be - ste für dich.

2. Kein Weg ver - läuft ge - ra - de, er kann auch stei - nig sein.
4. Wenn Men - schen dich ent - täu - schen und du al - lei - ne stehst,

Uuh,

Sei vol - ler Zu - ver - sicht, denn Gott hält sein Wort ein.
bist du bei ihm ge - bor - gen, wenn du mit ihm gehst.

aah,

Gott hält sein Wort ein.
wenn du mit ihm gehst.

41 Seht, neuer Morgen

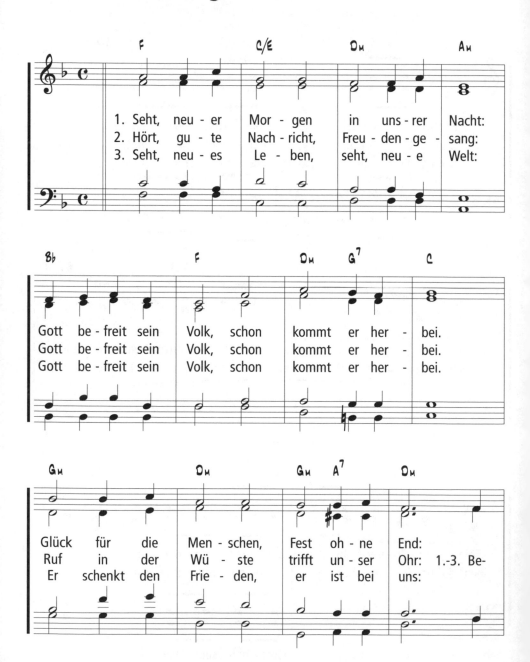

1. Seht, neu - er Mor - gen in uns - rer Nacht:
2. Hört, gu - te Nach - richt, Freu - den - ge - sang:
3. Seht, neu - es Le - ben, seht, neu - e Welt:

Gott be - freit sein Volk, schon kommt er her - bei.
Gott be - freit sein Volk, schon kommt er her - bei.
Gott be - freit sein Volk, schon kommt er her - bei.

Glück für die Men - schen, Fest oh - ne End:
Ruf in der Wü - ste trifft un - ser Ohr: 1.-3. Be-
Er schenkt den Frie - den, er ist bei uns:

Text: Michel Scouarnec, deutsche Fassung: Winfried Offele / Musik: Jo Aksepsimas / Chorsatz: Armin Sprenger
© Studio SM, Varades, (deutsche Fassung beim Autor) / Chorheft SKGB 2010

rei - tet den Weg, den Weg für den Herrn. Be -

rei - tet den Weg, den Weg für den Herrn.

42 Seine Stärke

1. Wir hal-ten fest am Glau-ben und hal-ten Got-tes
2. Wir ste-hen auf für Frie-den und für Ge-rech-tig-

Wort. Je-sus selbst wird uns hal - ten, nichts reisst uns fort. Wir
keit. Je-sus steht uns zur Sei - te, stärkt uns im Streit. Wir

tra-gen Got-tes Lie-be im Her-zen ein-ge-brannt,
tra-gen Got-tes Lie-be im Her-zen ein-ge-brannt,

und die-se Lie - be führt uns-re Hand. 1.+2. Wir sind
und die-se Lie - be führt uns-re Hand.

Text: Frank Döhler / Musik: Frank Döhler, Daniel Scheufler
© 2010 Döhler & Scheufler GbR

stark durch die Stär - ke von Gott, un-serm Herrn.____ Wir sind

mäch-tig in____ sei - ner Macht. Wir stehn

wach-sam im Le - ben und fürch-ten uns____ nicht,

weil Je - sus ü - ber uns wacht. Wir sind... 2. Wir...

43 Unser Vater im Himmel

1. Un - ser Va - ter im Him - mel,____
2. Un - ser Va - ter im Him - mel,____
3. Un - ser Va - ter im Him - mel,____

hei - lig ist____ dein Na - me.____ Dein Reich kom - me auf Er -
gib uns das, was wir brau - chen.____ Wie wir an - dern ver - ge -
führ uns nicht in Ver - su - chung.____ Ret - te uns vor dem Bö -

- den,____ ⸭ dein Wil - le soll____ ge - schen.____
- ben,____ ⸭ ver - gib auch un - se - re Schuld.
- sen,____ öff - ne uns - re Au - gen für dich.

1.-3. Denn dein ist das Reich,____ und dein ist die Kraft,

____ dein ist die Herr - lich - keit____ für im -

Text und Musik: Susi Lange
© cap-music, 72221 Haiterbach-Beihingen

- mer! Denn dein ist das Reich, _____ und dein ist die Kraft,

dein ist die Herr - lich - keit _____ für im -

- mer, Va - ter im Him - mel. _____

Bridge:

Dein Reich kom - me, dein Wil - le soll _____ ge - schehn.

Dein Reich kom - me, dein Wil - le soll _____ ge -

schehn. Denn dein ist das Reich...

44 Vorbei sind die Tränen

1. Vor - bei sind die Trä - nen, das Wei - nen, der Schmerz, vor-
2. Vor - bei ist die Herrsch-sucht, die fres - sen - de Macht, die
3. Gott wohnt bei den Men - schen, die Zeit ist er - füllt, Gott

bei sind das E - lend, der Hass und der Streit. Das Neu - e wird sein, gibt
dro - hen-den Fäu - ste sind nicht mehr ge - ballt. Das Neu - e ist da, gibt
wischt ab die Trä-nen, er trös - tet, er lacht. Gott macht al - les neu, gibt

uns neu - e Kraft, es ist da im Hier und im Jetzt.
uns neu - e Kraft, es ist da im Hier und im Jetzt.
uns neu - e Kraft, ist bei uns im Hier und im Jetzt.

1.-3. Him - mel und Er - de wer-den neu, nichts bleibt, wie es ist.

Him - mel und Er - de, Him - mel und Er - de be - kom - men ein neu - es Ge - sicht.

Text: Lothar Teckemeyer / Musik: Wolfgang Teichmann
© 2004 Strube Verlag, München

45 We Give You Thanks

Dank sei dir, Gott

Text: Mark Hayes, deutsche Fassung: Andreas Hausammann / Musik: Mark Hayes / Chorsatz: Andreas Hausammann
© Universal Songs by CopyCare Deutschland / deutsche Fassung und Chorsatz beim Autor

46 Wir danken dir

1. Wie oft___ wir dei - ne Wun -
2. Wie oft___ wir uns - er Schick -

- der ü - ber - se - hen. Wie sel - ten wir___ noch stau -
- sal nur be - kla - gen. Wie schnell___ der All - tag uns -

- nend vor dir stehn. Wie oft___ wir dei - ne Spu -
- re Bli - cke trübt. Wie oft___ hast du___ uns den -

- ren ü - ber - ge - hen. Wie un - be - ach - tet sie
- noch durch - ge - tra - gen, uns un - be - merkt ge - hal -

___ im Wind ver - wehn.___ Herr, un - ser Gott,
ten und ge - liebt.___

Text: Martin Buchholz / Musik: Andreas Hausammann
© 2014 bei den Autoren

___ wir dan - ken dir_____ für dei - ne Le - bens - zei - chen!

Wie oft hast du_____ uns Mut__ ge - macht_____ und in der

Not an uns_____ ge - dacht._____ Wir lo - ben

dich da - für!

47 Wohin sonst

Herr, wo-hin sonst soll-ten wir ge-hen? Wo auf der Welt fän-den wir Glück? Nie-mand, kein Mensch kann uns so viel ge-ben wie du. Du führst uns zum Le-ben zu-rück, nur du, nur du schenkst uns Le-bens-glück. Aus dei-nem

Text und Musik: Thea Eichholz-Müller
© 2000 Gerth Medien Musikverlag, Asslar

Refrain:

Mund hö - re ich____ das schön - ste Lie - bes - lied. An dei - nem____

Ohr darf ich sa - gen, was die See - le fühlt. An dei - ner____

Hand kann ich fal - len, und du hältst mich fest. An dei - nem

1. Refrain wiederholen
2. zurück zum Anfang
3. zur Bridge / Refrain II
4. zur Coda

Tisch wird mein Hun - ger ge - stillt.____ Aus dei - nem (-stillt.)

Bridge:

Herr, wo - hin sonst soll - ten wir gehn?

soll - ten wir gehn? Herr, wo - hin sonst

soll - ten wir gehn? Aus dei - nem...

(zum Refrain II)

Refrain II:

...Mund, _____ an dei-nem ___ Ohr, _____

an dei-ner ___ Hand, _____ an dei-nem

Tisch wird mein Hun - ger ge - stillt. _____ Aus dei-nem...

(zurück zum Refrain...)

Coda:

Herr, wo - hin sonst soll - ten wir ge - - - hen? __

48 Zehntausend Gründe

1.-3. Komm und lo - be den Herrn, mei - ne See - le, sing,
be - te den Kö - nig an. Sing wie nie - mals zu - vor
nur für ihn, und be - te den Kö - nig an.

1. Ein
2. Du
3. Und

Text: Matt Redman (deutsche Fassung: D. Hanheiser, D. Schnitter) / Musik: Matt Redman, Jonas Myrin / Chorsatz: Andreas Hausammann
© 2011 Thankyou Music / Said and Done Music / sixsteps Music / worshiptogether.com / SHOUT! Music Publishing / Chorsatz: beim Autor

sche - hen mag:
sin - gen:___
prei - sen,___

lass mich noch sin - gen, wenn der
zehn - tau - send Grün - de gibst du
zehn - tau - send Jah - re und in

A - bend kommt.
mir da - - für.
E - wig - keit.

Komm und..

Kurzkommentare zu den Liedern

verfasst von Mitgliedern der Spurgruppe Repertoire und Autor/innen

Amen Halleluja

Ich setze zum Anfang einen neuen Titel für dieses Lied: Date mit Gott. Das Lied, von Jonathan Böttcher getextet und vertont von David Plüss, hat mich beim Einsingen der neuen Lieder mit auf einen Weg genommen. Ein Besuch im Himmel, ich habe dort einen Platz zum Ausruhen. Ich muss mich nicht verstellen, darf sein wie ein Kind. Es gibt aber auch wieder einen Abschied von diesem Besuch, doch ich weiss: Ich werde begleitet und mit Licht umhüllt. Ja, ich wünsche dir, wenn du dieses Lied singst oder hörst, dass du selber so ein Date im Himmel erleben kannst, immer wieder neu. Amen, Halleluja.

Marianne Frey-Leuenberger, Grabs

Bei dir ist die Quelle des Lebens

Basierend auf dem Psalmwort «Du bist die Quelle, die uns Leben schenkt. Deine Liebe ist die Sonne, von der wir leben.» (Psalm 36,10) haben wir ein Lied für unsere Trauung geschrieben. Unsere Wünsche und Vorstellungen von einem gelingenden gemeinsamen Weg lassen sich aber immer wieder singen, von allen Menschen in unterschiedlichen Situationen. Denn wenn wir einander als Menschen auf diese Art begegnen, respekt- und liebevoll, im Wissen, dass wir Gott ebenbildlich sind, dann kann Frieden werden und Leben gedeihen. Wenn wir uns bewusst sind, woher die Liebe und Geduld kommt, die wir füreinander aufbringen, dann richten wir uns immer wieder nach dieser Sonne aus, lassen uns von dieser Quelle beleben.

Reto Frischknecht, Buttikon

Brich auf – brich an

Entstanden ist das Lied als langsame Ballade (alle breve) mit meditativem Charakter; je nach gewünschter Stimmung ist auch ein etwas schnelleres Tempo denkbar. «Brich auf – brich an» kann einstimmig, mehrstimmig oder im Wechsel zwischen Solo (Strophe, Bridge) und Gemeinde (Chorus) gesungen werden. Chorus-Wiederholungen am Schluss lassen das Lied innerlich nachklingen.

Liturgisch lässt es sich vielfältig einsetzen: als Friedensbitte, zu Sammlung und Sendung oder auch zum Abendmahl; ursprünglich als Chorlied für die Adventszeit gedacht.

Esther Wild Bislin/Roman Bislin-Wild, Uzwil

Christus lebt!

Dieses Osterlied entstand für die Passions-Konzerttournee 2014 mit Christoph Zehendner und Werner Hucks. Wir sind zu Beginn des Liedes Teil der biblischen Szene vor dem leeren Grab und hören den Ruf des Engels: «Fürchtet Euch nicht. Christus lebt!» Die Engel rufen es noch immer. Im Laufe des Liedes werden wir von den Zeugen zu den persönlich Angesprochenen und sind eingeladen, im vier- bis sechsmal wiederholten Schlussgesang die trost- und lebensspendende Kraft, die vom leeren Grab ausgeht, ganz in uns aufzunehmen.

Natasha Hausammann, Bischofszell

Da ist Freiheit

«Der Herr ist der Geist; wo aber der Geist des Herrn ist, da ist Freiheit.» Diese wunderbaren Worte stehen in 2 Korinther 3,17. Sie sind der Kerngedanke, aus dem dieses Lied zum Reformationsjubiläum 2017 entstanden ist. In vier fein austarierten Strophen wird gedeutet und illustriert, wie diese Freiheit des Geistes sich ausprägen kann. Eine gut singbare, jedoch keinesfalls simple Melodie unterstreicht und vertieft den Text. Der Anfang des Refrains (Da will ich hin …) ist gleichsam die Hookline dieses berührenden Liedes, das es verdient, in möglichst vielen Gemeinden gesungen zu werden.

Stephan Giger, Wil

Damit ihr Hoffnung habt

Dieses Lied lernte ich kennen, als Clemens Bittlinger für einen Konzertabend nach Balgach kam. Wir übten es vorgängig mit dem Projektchor, und es war ab der ersten Probe klar: Dieses Lied hat Ohrwurmpotenzial. Es hat einen tiefgründigen, österlichen und Mut machenden Text (der auferstandene Christus spricht persönlich zu seiner Gemeinde), dazu einen packenden Rhythmus. Der letzte Teil «Hey, hey, hey …» gibt den Singenden die Möglichkeit, ihrer Freude über die versprochene Hoffnung quasi rein musikalisch Ausdruck zu geben. Dieses tolle Lied ist sehr geeignet für die Gemeinde und passt neben Ostern zu vielen anderen Gottesdienst-Themen.

Andreas Korsch, Goldach

Dein Herz fürchte sich nicht

Dieses Lied von Martin Buchholz-Fiebig spricht uns und diejenigen in allen Altersstufen an, die im Alltag mit Sorgen und Problemen zu kämpfen haben. Auch scheinbar unlösbare Probleme werden von Gott und durch unser Gebet – hier durch das gesungene Wort – angenommen, erkannt. «Dein Herz fürchte sich nicht» bekundet, dass unser Schöpfer uns immer begleitet, uns nie verlässt, uns liebt mit all unseren Sorgen und ohne Vorbehalte. Wir dürfen unsere Gedanken in den Gottesdienst mitbringen und Gottes Hilfe annehmen.

Die vier Strophen erzählen von den Ängste der Menschen. Danach folgt im Chorus die beruhigende Bestätigung und das Versprechen «vertraue mir … ich bleib bei dir». Die Musik folgt dem Rhythmus der Sprache und endet auf dem «sicheren» Grundton. Im Gottesdienst würde ich das Lied etwa nach Erfahrungsberichten einsetzten; es passt aber auch vor der Predigt. Ein Lied mit alltagsbezogenem Glauben – setzten auch wir uns jeden Tag für den Glauben ein, dann wird unser Leben mit Gott gelebt und weitergegeben.

Ildikó von Rakssányi, Vaduz

Der Herr ist auferstanden

Jährlich feiern wir Ostern als höchstes christliches Fest, und jährlich erklingt dabei auch bei uns der uralte, russisch-orthodoxe Ruf «Der Herr ist auferstanden – er ist wahrhaftig auferstanden!» Arne Kopfermann reiht sich mit seinem groovigen Lied ein in diese Jahrhunderte alte Tradition. So gross ist die Freude darüber, dass Christus den Tod überwindet und uns Versöhnung bringt, dass die Melodie des Liedes (zumindest im Chorus) dem Puls der Musik quasi immer einen Schritt voraus ist – man sieht vor dem inneren Auge förmlich die Frauen, die am Ostermorgen vom leeren Grab zurück zu den Jüngern eilen, um ihnen die gute Nachricht zu sagen. Dieser kompositorische Kniff macht das Lied nicht zum einfachsten Gemeindelied und stellt etwas erhöhte Anforderungen an Singende und Begleitende. Darunter soll aber die Osterfreude nicht leiden – im Zweifelsfall lieber einfach drauflos singen als sich in den Noten verheddern…

Andreas Hausammann, Bischofszell

Der Herr segne dich

Auf der Suche nach einem neuen Segenslied kamen mir auf einmal eigene Ideen. So entstand dieses Lied zu den unvergleichlichen Worten des Aaronitischen Segens. Denn was können wir einander Besseres wünschen als Gottes Segen und dass der Allmächtige uns sein freundliches Angesicht zuwendet? Und damit es bald mehrstimmig tönt: in der Form eines Kanons. Man kann den Segen aber auch gut einstimmig singen und am Schluss ein allenfalls mehrstimmiges «Amen» anhängen.

Irene Stäheli, Grabs

Die Zeit ist reif

Bei einer erneuten Durchsicht der bisherigen Singtaglieder stellte die Spurgruppe Repertoire 2014 ein Bedürfnis nach einem weiteren Weihnachtslied und nach groovigen Melodien fest. Mit dieser Vorgabe trat ich an unseren Freund Christoph Zehendner heran, der uns prompt den Text zu «Die Zeit ist reif» lieferte. Diesem liegt der Gedanke zugrunde, dass hier und jetzt Weihnachten wird, wo Gott – vielleicht auf «unglaublichen Wegen» – in unser Leben tritt. Dieser Hoffnung versuchte ich Ausdruck zu geben durch eine blues-

und gospelhafte Melodie im 12/8-Takt. Die Strophen können solistisch oder mit der ganzen Gemeinde gesungen werden, der Chorus funktioniert im Wechselgesang – entweder zwischen Solist/in und Gemeinde/Chor oder zwischen zwei beliebigen Gruppen. Wer auf «Zeit» in der Phrase «Die Zeit ist reif» anfängt zu klatschen, liegt für den Rest des Chorus rhythmisch goldrichtig auf dem Off-Beat …

Andreas Hausammann, Bischofszell

Dieses Kreuz, vor dem wir stehen

In erster Linie führt dieser Text die Vergänglichkeit vor Augen. Gleichzeitig aber tröstet das Lied und lässt darauf hoffen, dass Gott einen trägt, was auch kommen mag. Am schönsten finde ich die Stelle in der dritten Strophe, wo der Tod für die Wende steht und hinweist, dass die Liebe stärker ist. Diese Wende ist für mich auch die Brücke zur Reformation. Es entsteht etwas Neues. Das Alte vergeht, und Aufbruch beginnt. Die Melodie ist einfach zu lernen und unterstreicht die Tiefgründigkeit des Liedtextes.

Andreas Korsch, Goldach

Du bisch willkomme, du ghörsch dezue

Gott stellt uns immer wieder andere Menschen zur Seite, die uns auf wunderbare Weise ergänzen können. Mit ihren Gaben, Eigenheiten, Ecken und Kanten tragen sie dazu bei, dass unser Leben spannend bleibt. Bringen wir unsere Farben an den Singtag mit, entsteht dadurch ein prächtiges Bild, ein buntes Farbenspiel, das Gott unseren Schöpfer in seiner ganzen Vielfalt lobt. Für einen fröhlichen, befreienden Gottesdienst brauchen wir die Gemeinschaft der anderen. Denn die Hoffnung steckt an, und Jesus sagt: «Wo zwei oder drei in meinem Namen versammelt sind, da bin ich mitten unter ihnen.»

Roland Pöschl, Sirnach

Du bist der Schöpfer des Universums

Ein grossartiger Lobpreis, ja fast eine Liebeserklärung an den lebendigen Gott, der das ganze Universum und alles Leben erschaffen hat und trotzdem jeden einzelnen Menschen persönlich wahrnimmt und liebt. Ob solch einer unverdienten Zuwendung des Schöpfers kann man nur staunen. Ein peppiger Song, der zum Tanzen und Klatschen einlädt, von Bene Müller (der von sich sagt: Gott spricht immer wieder durch die Musik zu meinem Herzen).

Irene Stäheli, Grabs

Du bist die Kraft, die mir oft fehlt

Dieses Lied vermittelt die tröstliche Botschaft: Wir müssen nicht aus uns selber stark sein, sondern dürfen durch Christus Aufgerichtete sein. Er, *solus Christus*, ist unsere Kraft, unser Versorger und der, der uns frei spricht. Das Lied mündet in einen Chorus, in dem Christus als Lamm Gottes angebetet wird. Dieses urchristliche Symbol für Christus hat schon Martin Luther aus dem lateinischen *Agnus Dei* ins Deutsche übertragen.

Vers und Chorus können auch miteinander gesungen werden. So erklingt menschliche Bedürftigkeit nach Kraft, Gnade und Freiheit (Vers) gleichzeitig mit dem *Agnus Dei* (Chorus), was einen berührenden Effekt ergeben kann. Das Lied wurde von Dennis Jernigan Anfangs der 90er-Jahre in den Staaten geschrieben und später auch ins Deutsche übersetzt. Aufführungstempi bewegen sich im Bereich von 55 bis 75 bpm.

Oliver Wendel, Weinfelden

Du bist ewig

Dieses Lied ist ein Gebet. Wir können dadurch mit Gott in Kontakt treten. Es hilft, zur innerlichen Ruhe zu kommen. Deshalb würde ich das Lied zu Beginn des Gottesdienstes singen. Nicht gerade als Eingangslied. Aber es hilft mir, den Blick auf Gott zu richten und ganz da zu sein. Deshalb ist es auch ein ruhiges Lied, das zur Ruhe bei Gott einlädt. Dieses Lied verbindet auf besondere Weise den Anfang und das Ende. Die Schöpfung, die Gegenwart und die Ewigkeit. (Siehe auch www.Perlen-des-Glaubens.de)

Gisela Bertoldo, St. Gallen

Du siehst mich

Mein Gott sieht mich, er kennt mich, und ich bin ihm wichtig. Er schaut nicht weg. In seiner Geborgenheit zeigt er mir aber auch auf, wo ich fehle. Wo ich wegschaue, statt zu handeln, und schweige, wo meine Worte nottun. Er schaut nicht weg. Schauen auch wir einander an! Reformieren wir unseren Blick und unsere Sinne täglich neu. Dieses hymnische Lied findet in jedem Gottesdienst Platz.

Kerstin Kobelt, Marbach

Du sprichst dein Wort in unser Leben

Neben Luthers befreiender Erkenntnis, dass wir aus reiner Gnade erlöst sind, spielte in seiner Theologie zunehmend Gottes gesprochenes Wort eine zentrale Rolle – Gottes Wort, das Leben schafft, das uns sein grosses Ja zuspricht, uns aufrichtet und uns gestärkt auf unseren weiteren Weg schickt. Von diesem Wort spricht auch Lukas Di Nunzios ruhiges, einfaches Lied. Es mündet in eine Antwort von uns Gläubigen, die ohne Worte auskommt: «Und staunend sehen wir zu dir.» Dieses Lied findet seinen Platz in der Liturgie als Antwort der Gemeinde auf die Verkündigung oder als Abschluss der Fürbitte.

Andreas Hausammman, Bischofszell

Du, Herr, bisch mis Läbe (Tu sei la mia vita)

Dieses Lied verbinde ich mit Ferien im Tessin. Als Mundartfassung hat es mich sehr direkt angesprochen, in der eigenen Sprache gehen die Worte zu Herzen und sind verständlich. Für mich ist dieses Lied das Bekenntnis eines sehr persönlichen Glaubens. Die Textgrundlage ist ein bekannter Vers aus Johannes 14,6: «Ich bin der Weg und die Wahrheit und das Leben; niemand kommt zum Vater, es sei denn durch mich.» Ich halte es für ein riesiges Geschenk, diesen Weg zu kennen und das Lied zu meinen Worten zu machen. «Du bisch mini Freiheit, du bisch mini Chraft!»

Marianne Frey-Leuenberger, Grabs

Erbarme dich (Kyrie)

Wir alle teilen eine Sehnsucht in unserem Leben; nach mehr Nähe zu Gott. Gleichzeitig fühlen wir uns oft unfähig, Gott mehr Raum zu geben. Für mich ist dieses Lied ein Hilferuf an Gott. Ich möchte, aber ich kann nicht. Gleichzeitig ist es ein Lied für die Gemeinschaft: Wir suchen, wir bringen, wir wollen … Bringen wir Jesus Christus doch, was alles so verkehrt läuft in unseren Leben. Und bitten gleichzeitig um Gnade; im Wissen, dass er uns erhört, wenn wir es ernst meinen. Christoph Zehendner hat Folgendes zu seinen Gebetsliedern geschrieben: «Für alle, die sich nach tiefer Geborgenheit bei Gott sehnen. Diese Lieder bereiten den Weg in die Stille vor Gott.»

Gisela Bertoldo, St. Gallen

In der Liturgie wird «Kyrie eleison» als Huldigungs- oder Erbarmensruf eingesetzt im Sinne von: «Komm, Herr, in unsere Mitte». Auch wenn wir uns bemühen, ein christliches Leben zu führen, es gelingt nicht immer. Weil wir eben «nur» Menschen sind, brauchen wir Gottes Unterstützung im alltäglichen Leben.

Wenn wir zu beschäftigt sind – Kyrie eleison!
Wenn uns Hass verzehrt – Christe eleison!
Wenn wir zu wenig achten – Kyrie eleison!

Sich Gottes Wirken mit diesem Lied bewusst zu machen, ist heilsam und befreiend zugleich.

Andrea Kuster, Jona

Etwas in mir

Mit «Etwas in mir» schafft es eines der bekanntesten Lieder von Albert Frey in unser Singtag-Repertoire. Es ist auch bekannt unter «Freude, die von innen kommt» oder nur «Freude», und das trifft den Kern dieses fröhlichen Liedes. Es feiert die Freude als Ausdruck der Gegenwart Gottes in meinem Leben. Sie zeigt mir an «dass es dich wirklich gibt». William Knight, ein englischer Staatsmann und Bischoff, hat im 16. Jahrhundert die Freude als die Flagge bezeichnet, die auf dem Dach des Schlosses weht und damit anzeigt, dass der König zuhause ist. Dieses Bild passt sehr gut zu «Etwas in mir» mit seiner hüpfenden, synkopierten Melodie und dem energiegeladenen Chorus zum Schluss: «Freude, die von innen kommt …», der auf Schweizerdeutsch fast noch ein bisschen besser groovt als im originalen Hochdeutsch.

Andreas Hausammann, Bischofszell

Gib uns deinen Geist

Dieses kurze, andächtige und doch eindringliche Lied stammt vom berühmten schwedischen Gospel-Pianisten Peter Sandvall, einem der Väter der europäischen Gospelszene. Typisch für diesen Stil, weist die Melodie viele Wiederholungen auf und lässt zwischen den einzelnen Phrasen immer wieder Luft für Antworten von den Begleitinstrumenten oder allfälligen SolistInnen («call and response»). Dreifach bittet das Lied um Gottes Geist in der Hoffnung, dass er uns glauben, lieben, hoffen lehren möge. Das Lied endet in einem tonartfremden Akkord, der in eine offene, erwartungsfrohe Zukunft weist.

Andreas Hausammann, Bischofszell

Gloria

Im Auftrag der Aargauer Landeskirche vertonte ich diesen althergebrachten Text aus der klassischen Messe als Teil einer «Pop-Liturgie». Diese gehört zu vier unterschiedlichen, neu in Auftrag gegebenen Liturgie-Vertonungen im Rahmen des Reformationsjubiläums. Sie leben von der reformierten Freiheit, sich uralte Worte, die uns mit unseren Geschwistern über die Jahrhunderte hinweg verbinden, immer wieder ganz neu und ganz direkt zu eigen zu machen. Meine Version des Gloria lebt von einem starken, poppigen Puls, der schon den Strophen zugrunde liegt, beim Pre-Chorus («Wir loben dich …») voll zum Tragen kommt und sich dann beim Chorus («Denn gross …») quasi halbiert, um Gottes Herrlichkeit gleichsam Platz zu schaffen. Die gesamte Pop-Liturgie ist komponiert für Chor, Solostimmen, Gemeindegesang und eine Band mit Saxofon. Dieses Lied lässt sich unter kompetenter Anleitung aber auch gut als ganz «normales» Gemeindelied singen.

Andreas Hausammann, Bischofszell

Gnädiger Gott

Dieses kurze Lied von Martin Buchholz spricht von der Kraft des Gottesgeistes. In 2 Timotheus 1,7 wird diese Kraft so beschrieben: «Denn Gott hat uns nicht einen Geist der Verzagtheit gegeben, sondern den Geist der Kraft, der Liebe und der Besonnenheit.» Weil wir Menschen immer wieder ein Durcheinander veranstalten, brauchen wir diese ordnende Kraft. In unseren Gottesdiensten wollen wir einander ermutigen, uns von diesem Geist der Kraft, Liebe und Besonnenheit neu anstecken zu lassen.

Das Lied ist in zwei achttaktige Teile mit ähnlicher Harmonik gegliedert und kann so z.B. als Kanon gesungen werden. Eine andere Variante – zur Zeit auf Youtube zu finden: Frauen Teil 1, dann Männer Teil 2, dann gleichzeitig Frauen Teil 1 + Männer Teil 2. Dabei ergänzen oder überlagern sich die beiden inhaltlich ähnlichen Gebetsrufe. Die wendige Melodie im ersten Teil ist spielerisch aus Tonleitern und Dreiklängen geflochten und nicht ganz einfach. Der zweite Teil ist dreistimmig gesetzt und bietet mit seinem gospelhaften Harmonieteppich dem ersten Teil einen Kontrast oder Background an.

Oliver Wendel, Weinfelden

Gold in meiner Hand

«Das Himmelreich gleicht einem Schatz, verborgen im Acker, den ein Mensch fand und verbarg; und in seiner Freude ging er hin und verkaufte alles, was er hatte, und kaufte den Acker.» (Matthäus 33,44) Das Lied eignet sich zu Themen wie «Glaubenserfahrungen», «Was macht glücklich?». In Gottesdiensten kann es z.B. nach einer Predigt über Glaubensschätze oder nach ermutigenden Erfahrungsberichten eingesetzt werden.

Oliver Wendel, Weinfelden

Gott hat uns nicht vergessen

Wenn ein Kind auf die Welt kommt und man das kleine «Ding» anschaut, beginnt man zu staunen. Die kleinen Hände, die kompletten Füße, die kleinen Fingernägel ... In diesem Moment entsteht eine tiefe Dankbarkeit. Das Kind wächst – entwickelt sich, beginnt zu laufen, entdeckt die Welt. Das Kind lernt zu sprechen, es beginnt zu fragen. Fragen nach dem Sinn. Fragen nach dem Wohin. Das Kind wird älter. Mit dem Älterwerden kommt die Verantwortung. Der Druck im Leben nimmt zu. Man muss funktionieren. Man muss etwas leisten. Es kommen Momente im Leben, wo wir uns total einsam und verlassen fühlen. Gott lässt uns nicht allein. Gott hat uns nicht vergessen. Wenn wir ehrlich nach ihm suchen, dann kehren Glaube, Liebe, Hoffnung – eine Ruhe ein. In allen Situationen des Lebens darf ich darauf vertrauen: Er schaut zu mir und gibt mir das, was ich brauche. Dieses wunderschöne Lied von Hans-Werner Scharnowski und Christoph Glumm vermittelt im vierstimmigen Satz nicht nur eine bewegende Fülle, sondern auch viel Tiefgang.

Daniela Gentsch, Gossau

Gott spricht zu uns sein schönstes Wort

In sanftem F-Dur und im Dreivierteltakt wird der Ruf Gottes im Lied von Barbara Kolberg an uns herangetragen. In allen Strophen des Liedes ist die Nähe Gottes spürbar. In Gottes Wort offenbart sich unser Schöpfer, er lässt uns nicht im Unklaren darüber, was er mit uns vorhat. Sein Wort hat uns zur Freiheit berufen und nicht zur Knechtschaft der Sünde. Das Wort Gottes ist für mich die einzig unumstössliche Wahrheit – nicht zuletzt, weil sie nicht von Menschen gemacht ist.

Ildikó von Rakksányi

Gott, min Herr, nimm alls vo mer

Diese sehr harmonischen Klänge berühren in ihrer Schlichtheit meine Seele. Sie machen mich gelassen und hingebungsvoll. Ich kann alles von mir werfen, was mich trennt von Gott, alles empfangen, was mir fehlt, um mich selber Gott hinzugeben.

Die Oberstimme als Jodel verstärkt den Charakter der Volksmusik. Mit dem Amen schliesst das Gebet, das Niklaus von Flüe laut Überlieferung täglich zu Gott gesprochen hat.

Den Toggenburger Peter Roth vorzustellen ist wie Wasser in den Rhein zu tragen. Seit Jahren schafft er unermüdlich Kompositionen, arbeitet als vielseitiger Künstler und Brückenbauer diverser Musiker und Musikstile. Für die St. Galler Kantonalkirche war er bereits zum 200-Jahr-Jubiläum Auftragskomponist.

Kerstin Kobelt, Marbach

Heute.Gestern.Morgen

Dieser Text liest sich für mich wie ein Gedicht. Gott, der alles umfasst und umschliesst, ist immer da! Da gibt es nichts hinzuzufügen. Gott schenkt die Leidenschaft für unser kreatives Tun und Handeln. Diese Energie kann ich an jedem Tag spüren. Und diese Kraft war sicher auch massgebend, dass die Reformation überhaupt stattgefunden hat.

Andreas Korsch, Goldach

Hosianna

Dieses Lied drückt in seinen beiden Teilen beides aus: das Vertrauen in Gottes Hilfe und die Einsicht, dass wir Menschen ohne diese Hilfe nicht weiterwissen. Diese Erkenntnis ist schon der Weg zum Frieden. Die für uns Menschen unlösbar scheinenden vielfältigen Probleme können nur mit Hilfe des Erlösers bewältigt werden. Als Jesus am Palmsonntag nach Jerusalem einzog, riefen die Menschen: «Hosianna!» Der aus dem Althebräischen stammende Fleh- und Jubelruf hatte damals vor allem die Bedeutung: «Rette uns vor den Römern!» (Psalm 118,25). Die zwei Teile des Liedes können als Kanon gleichzeitig gesungen werden, wobei der Musiker David Plüss die letzten eineinhalb Takte in beiden Teilen der Melodie identisch gestaltet. Dies hat eine doppelte festigende Wirkung. Clemens Bittlingers Text verdeutlicht die Gedanken verzweifelter Menschen, aber auch deren Hoffnung auf Gottes liebevolle Rettung.

Ildikó von Rakssányi, Vaduz

I Lift My Eyes Up

Die Verse 1 und 2 aus dem Wallfahrtspsalm 121 wurden vom anerkannten kanadischen Songwriter Brian Doerkson vertont. «I Lift My Eyes Up» ist eines seiner bekanntesten Lieder. Psalm 121 haben mein Mann und ich als unseren Hochzeitspsalm ausgesucht. Und wir sind schon durch einige dunkle Täler gewandert in den vergangenen Jahren. Aber immer, wenn wir unsere Augen zu den Bergen hinaufrichteten, durften wir auf Gottes Hilfe hoffen und sie erfahren. Der erste Teil des Liedes wird ruhig, fragend und sogleich beantwortend gesungen. Der zweite Teil des Liedes ist ein eindringliches Gebet: Warten wir auf Gott! Er schenkt uns Rettung auch in tiefster Not. Ich freue mich, dass wir dieses wunderschöne Lied auch auf Schweizerdeutsch singen können.

Daniela Ohai, Flums

Ich bin das Brot, lade euch ein

Jesus spricht: Ich bin das Brot – teilt es mit den anderen. Wie oft bin ich hungrig und erkenne das Brot nicht. Wie oft bin ich durstig und entdecke die Quelle nicht, die mich stärken möchte. Hunger und Durst gehören zum Leben. Beides muss gestillt werden, sonst kommen wir um. Nehmen wir doch die Einladung an und antworten freudig wie die Wiederholungen im Lied: So soll es sein! Speziell geeignet in Abendmahlsgottesdiensten, aber nicht nur.

Gisela Bertoldo, St. Gallen

Ich glaube, also bin ich

In diesem Lied dürfen wir eine der Kernaussagen von Martin Luther klingen lassen: dass der Mensch selber bestimmt und Eigenverantwortung übernimmt

… im Glauben und Vertrauen – gestützt durch Gott.

… im Glauben und Mutig sein – gestärkt durch Gott.

… im Glauben und spüren – begleitet von Gott.

… im Glauben und Danken – gehört von Gott.

Das Swing-Feeling, das Leichtigkeit und Freude transportiert, kann dieses gute und freie Gefühl verstärken.

Daniela Lendenmann, Appenzell

In Christus ist mein ganzer Halt

«In Christus ist mein ganzer Halt» («In Christ Alone») ist eine Hymne des britischen Songwriters Stuart Townend (Text) und des nordirischen Komponisten Keith Getty (Musik) und ist heute ein weit verbreitetes Kirchenlied. Die deutsche Übersetzung stammt vom Marburger Pfarrer Guido Baltes. Der eindringlichen Melodie liegt ein kraftvoller Text zugrunde. Er greift die Themen von Jesu Leben, Sterben und Auferstehen auf und spricht davon, wie er sich durch sein Handeln und durch seinen konsequenten Weg mit mir und dir ganz verbindet. Es ist ein inniges Bekenntnislied zu Christus und seiner umfassenden Liebe zu uns Menschen.

Das Lied sollte nicht zu schnell gesungen werden, damit man dem Text folgen kann. Die Melodie ist rasch nachvollziehbar, stellt aber wegen ihres grossen Tonumfangs eine gewisse Herausforderung an die Ausführenden. Wird das Lied vom Chor allein gesungen (ohne Gemeindegesang), empfiehlt es sich evtl., den Satz 1–2 Töne höher anzustimmen.

David Bertschinger, Jona

Justificatio sola fide

Das Lied stammt aus dem Luther-Oratorium von Dieter Falk und Michael Kunze (2015). Es basiert auf der grundlegenden Erkenntnis von Martin Luther: Allein aus dem Glauben (*sola fide*) erlangen wir Gerechtigkeit (*justificatio*) vor Gott. Sie ist Gnade und Geschenk, ist uns von Christus erworben und in der Heiligen Schrift verkündet. Wir können nichts dazu tun, sie weder kaufen noch irgendwie selber erlangen. Welche Entlastung! Und welche Herausforderung, mich ganz in die Abhängigkeit von Gott zu begeben! Dieter Falks Komposition kontrastiert die gewichtigen lateinischen Worte im Chorus mit einer fröhlichen, einfachen Melodie, die ins Ohr geht und sich sofort mitsingen lässt – eine produktive Spannung, die die persönliche Auseinandersetzung mit dem Thema fördern kann.

Irene Stäheli, Grabs

Leben aus der Quelle

Wenn Sie im Gottesdienst eine erfrischende Stimmung wollen, sind Sie mit diesem Lied gut bedient. Die eingängige Melodie sprudelt nur so und sofort können alle mitsingen. Ein richtiger Kirchenfeger. Das Lied weist auf die Quelle des Lebens hin, wie sie im Psalm 36,10 oder Sprüche 14,27 beschrieben wird. Quellwasser erfrischt und bringt immer wieder neue Lebendigkeit in die Beziehung mit Gott. Diese Erfrischung wird auch im eigenen Leben spür- und sichtbar werden.

Gisela Bertoldo, St. Gallen

Lebensgrund

Unser Glaubensbekenntnis in drei Strophen und heutige Sprache gefasst, sorgfältig formuliert und stimmig vertont vom bekannten christlichen Songwriter Albert Frey:

Gott – der Schöpfer,

Jesus – ganz Mensch,

Sein Geist – der lebendig macht und befreit.

Der Refrain fasst das Ganze zusammen: Auf diesen Gott vertraue ich, das ist meine Lebensgrundlage.

Irene Stäheli, Grabs

Lege deine Sorgen nieder

Mach dir keine Sorgen. Worte, die schnell über die Lippen kommen. Aber wie geht es mir, wenn die Sorgen kommen und nicht mehr verschwinden? Dieses Lied lehrt mich, wohin mit den Sorgen, Ängsten, Sünden und Zweifeln. Ich sehe es als Vorrecht an, mit diesem Gott unterwegs zu sein. Und zu wissen, es sind nicht nur leere Worte, sondern es macht Sinn. Dieses Lied macht mir Mut, es jeden Tag neu anzuwenden, ihm alles abzugeben. Es lässt sich leichter leben – probier's aus!

Marianne Frey-Leuenberger, Grabs

Mut und Zuversicht

Das Lied von Twila Paris lässt uns einen Moment Stille halten. Aus dem Text können wahrlich Mut und Zuversicht geschöpft werden. Unterstützt wird dies durch eine schlichte, ruhige, vierstimmige Komposition, die uns zu einer Einheit zusammenwachsen lässt. Die Möglichkeit einer Modulation nach der 2. Strophe verstärkt das Gefühl der Zuversicht und des Mutes noch zusätzlich.

Andrea Kuster, Jona

Niemals unmöglich

Der Richter, der Planer, der Rechner, der Zweifler in jedem von uns verstrickt sich gerne mal in ein pessimistisches Netz. Wie dem entkommen? Ist es unmöglich? Die Lösung weht im Refrain in Form von Gottes Geist daher; in weichen, fliessenden Melodiebögen. Es ist Gott, der bestimmt, wo sein Geist weht. Nicht der rationale Denker, sondern die göttlichen Tugenden Hoffnung, Glaube, Liebe bringen uns ans Ziel.

Kerstin Kobelt, Marbach

Segen für deinen neuen Weg

Segen – etwas, das du immer am Schluss des Gottesdienstes zugesprochen bekommst. Wann hast du schon einen Segen weitergegeben? Du fragst dich vielleicht, wie du das anstellen sollst. Ganz einfach, indem du gute Worte über eine Person aussprichst, segnest du sie.

Das Lied von Sefora Nelson ist auch voll mit guten Worten, die mich begleiten in den Alltag, und einer Melodie, die ganz schnell ins Ohr geht. Die Worte sollen mich daran erinnern, dass ich begleitet bin, dass jemand mir vorangeht, mir ein Fels ist, auf dem ich sicher stehen kann. Ja, auch wenn der Weg nicht gerade verläuft, Gott steht zu seinem Wort. Sei gesegnet!

Marianne Frey-Leuenberger, Grabs

Seht, neuer Morgen

Als Refrain dieses Morgenliedes erklingen stets die Worte «Bereitet den Weg, den Weg für den Herrn», die dem 40. Kapitel des Buches Jesaja entnommen sind (französisches Original: «Aube nouvelle dans notre nuit» von Jo Aksepsimas). Es handelt sich hier um eine in sich ruhende, insgesamt nur 20 Takte umfassende Melodie. Mit «Seht, neuer Morgen» begegnet uns also ein Zuversicht verheissender Text, der durch die Verwendung biblischer Motive die Verbindung zwischen Altem und Neuem Testament schafft. Gleichzeitig fordert er im Refrain die Singenden auf, für einen «neuen Morgen» selbst aktiv zu werden.

Daniela Lendenmann, Appenzell

Seine Stärke

In diesem Lied sind wir als Gemeinde angesprochen und herausgefordert. «Wir halten fest am Glauben», heisst es zu Beginn. Haben wir uns dazu schon entschieden? Liturgisch kann ich mir das Lied im 3/4-Takt gut als Antwort auf eine Predigt vorstellen. Gestärkt durch Gottes Wort geht es zurück in den Alltag. Dort können wir einstehen für Frieden und Gerechtigkeit durch die Kraft von Jesus Christus. Erst durch Gottes Stärke können wir auch stark und fest sein im Glauben.

Gisela Bertoldo, St. Gallen

Unser Vater im Himmel

Susi Lange hält sich in ihrer Nachdichtung enger an den Ursprungstext aus Matthäus 6,9–13 als Zehendner/Scharnowski (vgl. Nr. 36 im ersten Singtag-Liederbuch). Der unaufgeregte Melodieverlauf mit stets gleichen aufsteigenden Anfängen erhält den Gebetscharakter; die Doxologie, der Gott preisende Gebetsabschluss, wird im Lied zum kraftvoll ruhigen Refrain, der keinen dramatischen Aufschwung nötig hat. Im Überleitungsteil («Dein Reich komme ...») findet sich schliesslich doch noch ein Steigerungsmoment mit solistischem Potenzial. Sind die wenigen synkopischen Klippen einmal verinnerlicht, eignet sich dieses Lied sicher auch als gesungenes Gemeindegebet, das atmosphärisch die ruhende Stärke und die vertrauensvolle Gewissheit des wichtigsten Gebets des Christentums betont.

Philipp Kamm, Ebnat-Kappel

Vorbei sind die Tränen

Dieses Lied hörte ich zum ersten Mal bei einem Treffen der Spurgruppe. Dies geschah an dem Tag, als terroristische Anschläge Brüssel erschüttert hatten, nämlich am 22. März 2016. Wir beschlossen, das Lied erst nach einer Zeit des Austausches und Schweigens miteinander zu singen. Und da war es genau richtig! Für mich war und ist der Inhalt des Textes extrem tröstend. Es entsteht etwas Neues, gibt uns neue Kraft, auch im Hier und Jetzt. Diese Zuversicht zusammen mit einem mitreissenden Rhythmus machen dieses Lied zu einem Hit und Ohrwurm.

Andreas Korsch, Goldach

We Give You Thanks

Ein Danke singen und das von Herzen – dies wird durch dieser getragene Melodie noch verstärkt. Es lässt Raum für Gedanken an Begegnungen auf unserem Weg. Wenn wir Gottes Liebe in uns zulassen, entdecken wir diese auch in unseren Brüdern und Schwestern und in all den wunderbaren Dingen, die er für uns geschaffen hat. Dieses Lied ist kraftvoll, ob ein- oder vierstimmig gesungen.

Daniela Lendenmann, Appenzell

Wir danken dir

Martin Buchholz' «Das wünsch ich dir» gehört zu den beliebtesten St.Galler Singtagliedern. Zum diesjährigen Singtag hat er mir einen Text zur Vertonung überlassen, der uns zur Achtsamkeit und Dankbarkeit mitten im Alltag aufruft. Die eher ungewöhnliche 3-Takte-Form der Strophen lädt dazu ein, jedem Gedanken innerlich kurz nachzuhängen, bevor der nächste gesungen wird. Die kleinen Stichnoten vor jeder Zeile werden dabei vom Begleitinstrument gespielt und helfen beim «Warten» auf den nächsten Einsatz.

Andreas Hausammann, Bischofszell

Wohin sonst

Menschen sind unterwegs als Touristen oder als Flüchtlinge, als Getriebene oder als Vertriebene, als Produzenten oder als Konsumenten, als verzweifelt Suchende. Als gesunde oder als kranke Menschen ziehen wir durch unser Fenster der Zeit von Jung nach Alt. Immer wieder scheinen wir anzukommen. Wir beenden unsere Ausbildung, wir bauen ein Haus, wir heiraten. Aber Leben bedeutet unterwegs sein. Doch wohin geht die Reise? Lasse ich mich im Strom der Masse treiben? Ich halte ängstlich inne. Der Preis der Freiheit ist unsere Verunsicherung.

Das Lied «Wohin sonst» wurde von Thea Eichholz-Müller für ein Hochzeitspaar geschrieben. Es ist ein Gebet und ein Dank- und Loblied darauf, dass wir letztlich bei Gott ankommen dürfen.

Ruedi Keller, Neukirch

Zehntausend Gründe

Was wie eine zeitlose Hymne klingt, ist ein Lied, das die Songwriter Matt Redman und Jonas Myrin vor Kurzem erst geschrieben haben (20119. Inspiriert von Psalm 103 beschreiben sie in eigenen Worten einige der vielen Gründe, warum wir loben können und sollen. Ergänzt wurde das Psalmwort «Lobe den Herrn, meine Seele» mit dem Satz «Sing wie niemals zuvor». Dabei ist wohl nicht die Qualität der Singstimme gemeint, sondern die gereifte und veränderte Haltung im Gotteslob.

Die Strophen steigern die Ansprüche an die Vorsänger ein wenig. Die letzten 5 Takte mit den eingeschobenen Zweischlag-Pausen sollten gut angeleitet werden.

Oliver Wendel, Weinfelden

Alphabetisches Inhaltsverzeichnis

Alphabetisches Inhaltsverzeichnis

Im Anschluss an den Liedteil erläutern Kurzkommentare
jedes Lied.